2013

中国跨境资金流动监测报告

Monitoring Report on China's Cross-border Capital Flows

国家外汇管理局国际收支分析小组

BOP Analysis Group

State Administration of Foreign Exchange

中国金融出版社

China Financial Publishing House

责任编辑：张翠华
责任校对：刘　明
责任印制：程　颖

图书在版编目（CIP）数据

2013 中国跨境资金流动监测报告（2013 Zhongguo Kuajing Zijin Liudong
Jiance Baogao）／国家外汇管理局国际收支分析小组编．—北京：中国金融
出版社，2014.5

ISBN 978-7-5049-7484-6

Ⅰ．① 2··· Ⅱ．①国··· Ⅲ．①国际金融—资本循环—监测系统—研究
报告—中国—2013　Ⅳ．① F832.6

中国版本图书馆 CIP 数据核字（2014）第 064783 号

出版
发行　中国金融出版社

社址　北京市丰台区益泽路 2 号
市场开发部　　（010）63266347，63805472，63439533　（传真）
网上书店　http://www.chinafph.com　　（010）63286832，63365686　（传真）
读者服务部　　（010）66070833，62568380
邮编　100071
经销　新华书店
印刷　天津银博印刷技术发展有限公司
尺寸　210 毫米 ×285 毫米
印张　5.5
字数　105 千
版次　2014 年 5 月第 1 版
印次　2014 年 5 月第 1 次印刷
印数　1—2000
定价　45.00 元
ISBN 978-7-5049-7484-6/F.7044
如出现印装错误本社负责调换　联系电话（010）63263947

内容摘要

2013 年，我国跨境资金流动总体偏流入压力，国际收支重回经常项目与资本项目"双顺差"，外汇储备增加较多。这是实体经济和市场因素共同作用的结果，一方面外需有所改善、国内经济运行平稳推动我国贸易和直接投资项下顺差继续扩大，另一方面外部充裕的流动性使得企业财务运作导致的跨境资金总体呈现净流入。此外，"控流入"政策措施在平衡外汇收支方面发挥了一定作用。

全年跨境资金流动继续呈现小幅振荡走势。在内外部环境向好的情况下，2013 年前 4 个月延续了 2012 年底的外汇大量净流入态势；5—8 月，受国内外环境变化以及政策和季节因素影响，净流入规模有所回落；9 月以来再次反弹至较高水平。这表明随着我国经常项目状况持续改善，市场普遍认为人民币汇率接近均衡，跨境资金流动双向变动的市场条件基本具备。同时，经济基本面健康、外汇储备充足、贸易持续顺差、长期资本主导等因素，为我国防止资本流动冲击提供了基础。

2014 年，我国跨境资金延续较大净流入的内外部因素依然存在，但一些潜在市场因素仍可能触发我国跨境资金流动的双向变动。因此，需要继续为促进国际收支平衡创造市场条件，同时也要为防范国际资本流动冲击风险完善调控工具。

目　录

一、中国跨境资金流动概况

本部分主要用国际通行口径和宽口径两种方法分析 2013 年我国跨境资金流动总体状况。

（一）国际通行口径的跨境资金流动

国际上测度跨境资金流动状况，一般用国际收支平衡表中的资本和金融项目，主要包括直接投资、证券投资和其他投资，不含储备资产变动（剔除了汇率、资产价格变动等影响，下同）。2013 年，我国国际通行口径的跨境资本流动呈现以下特点：

资本和金融项目取代经常项目成为外汇储备增长的主要来源。2013 年前三季度，资本和金融项下净流入 1 992 亿美元，对外汇储备资产增加的贡献率为 66%，2012 年同期为净流出 368 亿美元（见图 1–1）。据初步统计，2013 年全年资本和金融项目（含误差与遗漏）顺差 2 427 亿美元，对外汇储备资产增加的贡献率为 56%，上年可比口径为逆差 966 亿美元。

图 1–1

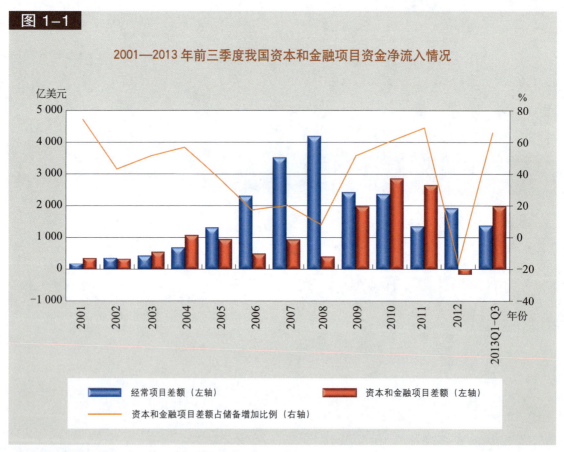

2001—2013 年前三季度我国资本和金融项目资金净流入情况

注：外汇储备增量为剔除了汇率、资产价格变动等影响的储备变动（下同）。
数据来源：国家外汇管理局。

　　跨境资本流动呈现小幅波动。2012 年，我国资本和金融项目连续两个季度呈现逆差，第二季度甚至出现了外汇储备资产小幅下降。2013 年，跨境资本流动的波动幅度和持续时间均不及 2012 年，且每个季度都表现为净流入。其中，第一季度延续了 2012 年底的净流入态势，资本和金融项目顺差 901 亿美元，外汇储备资产增加 1 571 亿美元；第二季度，资本和金融项目顺差回落至 286 亿美元，外汇储备资产增加 471 亿美元；第三季度，资本和金融项目反弹到 805 亿美元，外汇储备资产增加 976 亿美元；第四季度，资本和金融项目顺差（含误差与遗漏）为 810 亿美元，外汇储备资产增加 1 310 亿美元（见图 1–2）。

图 1–2

2005—2013 年我国资本和金融项目差额及外汇储备变动情况

注：2013 年第四季度资本和金融项目差额为初步数，含净误差与遗漏。
数据来源：国家外汇管理局。

　　非直接投资资本流动重现净流入。2013 年前三季度，直接投资净流入 1 117 亿美元，较 2012 年同期减少 13%；非直接投资（包括证券投资和其他投资）净流入 845 亿美元，上年同期为净流出 1 685 亿美元（见图 1–3）。其中，我国对外证券投资净回流 56 亿美元，同比下降 19%；外国来华证券投资净流入 396 亿美元，同比增长 33%。我国对外的贷款、贸易信贷以及持有的境外存款等资产增加 848 亿美元，同比减少 56%；我国企业等对外负债增多，其他投资项下对外负债净流入 1 352 亿

图 1-3

2001—2013 年前三季度我国直接投资、证券投资和其他投资差额

图中图例：
- 直接投资
- 证券投资
- 其他投资
- 非直接投资（证券投资和其他投资）

数据来源：国家外汇管理局。

美元，2012 年同期为净流出 29 亿美元。

（二）宽口径的跨境资金流动

我国宽口径的跨境资金流动监测，除国际收支平衡表数据外，还包括跨境收付和结售汇数据。

1. 跨境收付基本情况

跨境收付数据主要反映企业（含证券、保险等非银行金融机构）、个人等通过银行办理的对外收付款（包括外汇或人民币），即非银行部门跨境收付（或银行代客跨境收付）[①]。2013 年，非银行部门跨境收付主要呈现以下特点：

跨境收付规模继续较快增长。 2013 年，非银行部门跨境收付总额达到 5.76 万亿美元，较 2012 年增长 14%；与同期 GDP 之比为 63%，较 2012 年上升 1 个百分点（见图 1-4）。

[①] 目前，合格境外机构投资者（QFII）和合格人民币境外机构投资者（RQFII）资金流入数据体现在我国银行部门吸收的非居民存款中，未纳入非银行部门跨境收入统计，下同。

图 1-4

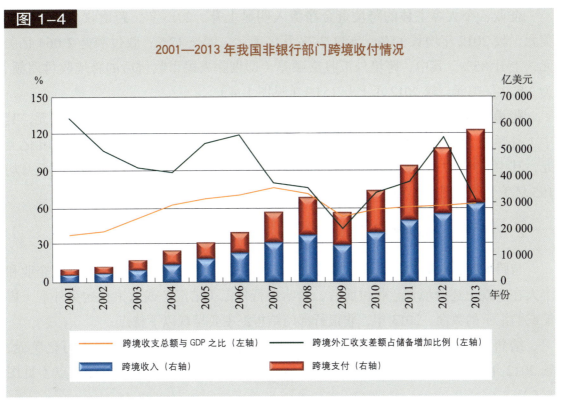

2001—2013 年我国非银行部门跨境收付情况

数据来源：国家外汇管理局、国家统计局。

图 1-5

2011—2013 年各月我国非银行部门跨境收付情况

数据来源：国家外汇管理局。

企业、个人等主体的跨境资金净流入明显上升。2013 年，跨境收入 2.98 万亿美元，较 2012 年增长 15%；支付 2.78 万亿美元，增长 12%；收付顺差 2 064 亿美元，上升 85%。其中，跨境外汇收支顺差（即剔除人民币收付后的跨境收付差额）为 2 872 亿美元，较 2012 年上升 151%（见图 1-4）。

跨境收付顺差波动较大。2013 年 1—4 月，跨境收付顺差月均 304 亿美元，其中 1 月顺差 554 亿美元，为历史最高值；5—8 月，跨境收付顺差降至月均 16 亿美元，其中 6 月、7 月连续出现两个月小幅逆差；9—12 月，跨境收付顺差反弹至月均 195 亿美元（见图 1-5）。

2. 结售汇基本情况

与跨境收付对应的是非银行部门结售汇（或银行代客结售汇），主要反映企业和个人在实现上述跨境资金收付前后，卖给银行外汇（结汇）或从银行购买外汇（售汇或购汇）的数额。2013 年，非银行部门结售汇主要呈现以下特点：

结售汇规模进一步扩大。2013 年，非银行部门结售汇总额为 3.26 万亿美元，较 2012 年增长 8%；与同期 GDP 之比为 35%，较 2012 年下降 2 个百分点（见图 1-6）。

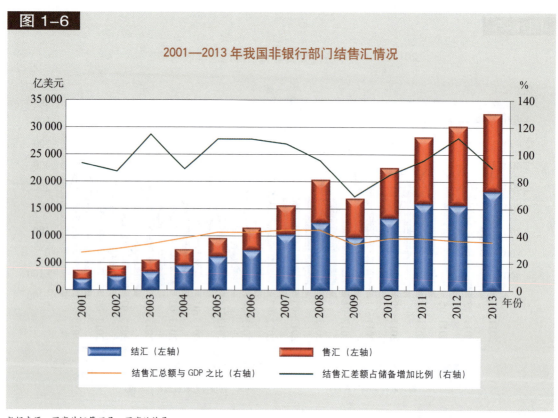

图 1-6

2001—2013 年我国非银行部门结售汇情况

数据来源：国家外汇管理局、国家统计局。

结售汇顺差大幅增加。2013年，非银行部门结汇1.82万亿美元，较2012年增长16%；售汇1.43万亿美元，下降2%；结售汇顺差3 897亿美元，较2012年增长253%，对外汇储备增长的贡献率为90%，较2012年明显下降（见图1-6），主要是由于银行远期签约的净结汇规模较快增长，银行为对冲远期净结汇风险，在即期市场累计净卖出外汇较多（详见银行部门分析）。

月度结售汇差额"两头高、中间低"。1—4月延续了2012年底的外汇大量净流入态势，非银行部门结售汇顺差月均509亿美元，5—8月回落至月均93亿美元，9—12月反弹到月均372亿美元（见图1-7）。

图 1-7

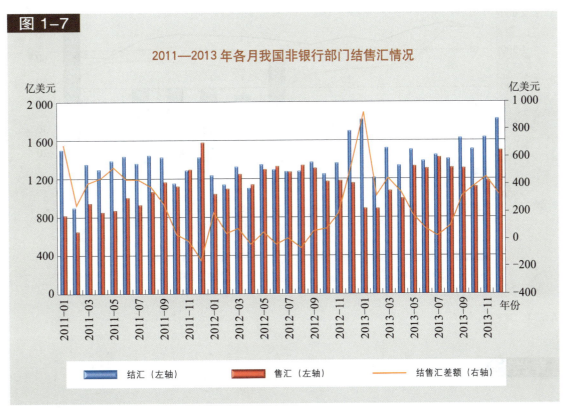

数据来源：国家外汇管理局。

3. 跨境收付和结售汇对比分析

非银行部门结售汇总额与跨境收付总额之比进一步下降。2013年，该比例为57%，较2012年下降3个百分点，为2001年以来的最低水平（见图1-8）。这说明跨境人民币业务和国内外汇存贷款的影响继续扩大，跨境资金流动监测需要注重结售汇以外的跨境收付等更宽口径的数据分析。

银行售汇减少造成结售汇顺差"被扩大"。2013年，非银行部门结售汇顺差（3 897亿美元）大于跨境收付顺差（2 064亿美元）1 834亿美元，而2012年两者基本相当。上述差距扩大的主要原因是 2013 年企业境内外融资和人民币对外支付较多，替代了购汇。2013 年，衡量企业结汇意愿的银行代客结汇占涉外收入的比重（即收入结汇率＝结汇／跨境收入）为 61%，与 2012 年基本持平。但衡量企业购汇动机的银行代客售汇占涉外支付的比重（即支付售汇率＝售汇／跨境支付）为 52%，大幅下降了 7 个百分点（见图 1-8）。

图 1-8

2001—2013 年我国跨境收付和结售汇对比情况

数据来源：国家外汇管理局。

专栏 1

美联储启动量化宽松货币政策退出机制
对我国跨境资金流动的影响

2013 年 12 月 18 日，美联储正式宣布于 2014 年 1 月启动缩减量化宽松货币政策（以下简称 QE）。从近期看，美联储启动 QE 退出机制对我国跨境资金流动的影响不大，风险依然可控，但从长期看挑战仍不容忽视。

一、我国跨境资金流动迄今尚未受到 QE 退出的明显影响

2013 年中，美联储量化宽松货币政策退出预期曾对国际金融市场造成一

定冲击，部分新兴经济体货币大幅贬值、资金加速外流。当时，我国跨境资金流入也出现了较大幅度下降，但这种变化也体现了政策调控的效果。受银行外汇贷存比与外汇头寸挂钩政策影响，银行外汇放款减少，企业购汇增加，而非结汇下降，是导致同期银行结售汇顺差减少的主要原因。5—8 月月均售汇额较 1—4 月增长 22%，而月均结汇额仅下降了 2%。12 月美联储宣布启动退出机制后，当月我国银行结售汇顺差 310 亿美元，仍处于较高水平。从全年看，全球新兴市场货币总体贬值，而同期人民币对美元汇率中间价升值 3.1%，国际清算银行测算的人民币对主要贸易伙伴的名义和实际有效汇率分别升值 7.2% 和 7.9%（见图 C1-1）。

图 C1-1

新兴市场货币指数、人民币名义及实际有效汇率

数据来源：路透数据库、国际清算银行。

二、我国经济金融具有较强的抵御 QE 退出冲击的能力

我国有信心应对美联储 QE 退出可能带来的冲击。我国经济基本面总体良好，尤其是党的十八届三中全会之后，各个领域的具体改革方案将会制订出台并逐步公布和实施，这有利于中长期经济增长目标的实现。同时，我国财政金融状况相对稳健，货物贸易持续较大顺差，对外负债以外商直接投资形式的中长期资本为主，外汇储备规模庞大，这些都增强了我国抵御外部冲击的底气。

美联储启动QE退出对我国并非完全是负面影响。启动退出机制在一定程度上说明美国经济复苏前景良好，有利于改善我国外需。QE退出带动美元升值，将压低大宗商品价格，有利于我国减少进口支付。QE退出是一个渐进的过程，影响将是逐步释放的，退出初期国内外正向利差也会继续存在。如果退出过程中国际资本回流美国，还将有利于缓解人民币升值压力。

三、QE退出对我国资本流动管理的挑战也不能掉以轻心

美联储退出QE本身会带来诸多不确定性。QE退出将成为市场的焦点和话题，此间任何预期或决策的变化都可能引起市场的反复炒作。同时，QE退出对美国和外部经济金融带来的负面影响会逐步累积释放，部分新兴经济体或将再次出现波动甚至爆发局部危机。这将对我国对外贸易产生冲击，甚至可能引起国际投资者对新兴市场投资风险的重新评估，成为触发我国跨境资本流向逆转的诱因。

美联储QE退出将加剧人民币汇率的波动。在美联储QE退出，而欧洲、日本货币政策持续量化宽松的情况下，美元汇率有可能阶段性走强。如果美元汇率进入升值周期后，国际资本大量回流美国，国际资本风险偏好发生转向，可能加剧人民币汇率的波动，海外市场也可能出现人民币贬值预期。

美联储退出QE将加速国内降杠杆进程。一方面，随着美元流动性收紧，境内企业境外融资成本上升，境内主体财务运作可能出现反向调整，加大我国跨境资金流动的波动性。另一方面，人民币汇率与利率的联系日趋紧密。外汇占款是我国货币投放的重要渠道，今后随着QE退出影响逐步显现，我国外汇占款增幅可能放缓甚至下降。如果市场各方参与者未能就此及时作出适应性调整，有可能导致国内市场流动性趋紧、利率走高，加大生产部门资金成本上升与利润下降之间的矛盾。

（三）2013 年我国跨境资金流动变化的原因分析

实体经济和市场因素均导致跨境资金总体偏流入压力。 从实体经济渠道看，2013 年海关统计的进出口顺差 2 598 亿美元，较 2012 年增长 12%；商务部统计的非金融部门实际利用外资（1 176 亿美元）减对外直接投资（902 亿美元）净流入达 274 亿美元，下降 21%。两项顺差合计 2 872 亿美元，增长 8%，相当于非银行部门结售汇顺差的 74%。从市场渠道看，2013 年非银行部门结售汇顺差减去上述贸易投资顺差后，总体仍表现为净流入，比重为 26%，主要反映了市场因素下企业财务运作的调整。其中，第一季度市场因素驱动的跨境资金大幅净流入，对非银行部门结售汇顺差的贡献达 72%；第二和第三季度转为小幅净流出；第四季度再次表现为净流入，贡献率为 22%（见图 1-9）。

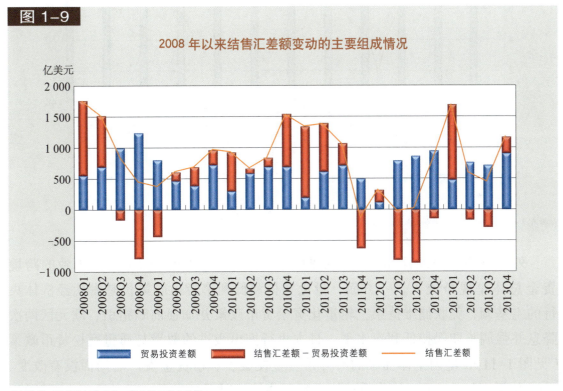

图 1-9

2008 年以来结售汇差额变动的主要组成情况

数据来源：国家外汇管理局、商务部、海关总署。

外需有所改善、国内经济运行平稳推动我国贸易和直接投资项下顺差继续扩大。 首先，2013 年全球经济尤其是发达经济体形势逐步好转。受益于房地产市场的持续复苏，美国经济保持温和增长；欧元区经济自第二季度起恢复增长，结束了此前持续六个季度的衰退，我国对欧美传统市场的出口增长自下半年起明显加快。此外，由于国际大宗商品价格保持稳定，2013 年我国进口价格指数月均下降 1.8%，进口增长平稳。其次，我国经济发展总体向好，经济增速实现年初既定目标，市场发展潜力依然较大（见图1-10）。党的十八届三中全会召开前后，关于深化改革的期待和最后释放的信号，都不断鼓舞着外方投资者对我国经济长远发展的信心，外商直接投资流入平稳增长。

图 1-10

我国 GDP 增速和制造业采购经理人指数

数据来源：国家统计局、物流与供应链协会。

外部充裕的流动性和基本稳定的人民币汇率使得企业财务运作导致的跨境资金总体呈现净流入。 一方面，量化宽松和低利率货币政策仍是发达经济体央行的主基调，美联储维持第三轮量化宽松货币政策并加强前瞻指引，欧元区两次降息并强调长期保持低利率水平，日本央行推出激进的数量与质量宽松货币政策（见图1-11），境内主体面临的"外币资金便宜、本币资金贵"的局面没有改变。另一方面，在新兴经济体货币总体呈现贬值的情况下，我国由于经济基本面较好，财政、金融和外部账户相对稳健，依然被市场看好，人民币汇率在大部分时期稳中有升，香港市场人民币即期交易价相对境内总体呈现溢价（即香港购汇比境内便宜）（见图1-12）。在此背景下，企业仍以"资产本币化、负债外币化"的财务运作为主，"做多本币、做空外币"的操作增多，进一步加大了银行结售汇顺差。唯有5—8月，市场担忧美联储提前退出量化宽松货币政策、第二季度我国经济表现弱于市场预期等因素叠加，曾导致市场避险情绪上升，跨境资金净流入出现短

图 1-11

美联储资产规模与主要发达经济体央行基准利率

数据来源：环亚经济数据库（CEIC）。

图 1-12

境内外人民币对美元即期交易价差和远期升贬值幅度

注：远期升贬值幅度根据香港无本金交割远期市场（NDF）一年期价格测算得出。

数据来源：路透数据库。

暂放缓。

"控流入"政策措施在平衡外汇收支方面发挥了一定作用。针对 2013 年初外汇净流入较大的局面，2013 年 4 月中旬以来，商务、海关、人民银行、银监、外汇等部门开始出台综合措施遏制虚假贸易活动。5 月初，外汇局发布关于加强外汇资金流入管理有关问题的通知，将银行结售汇综合头寸下限与外汇贷存比挂钩，强化进出口企业货物贸易外汇收支分类管理，取得了一定成效，使得企业部分财务运作有所调整，主要表现：一是受美联储退出量化宽松货币政策的预期、国内经济增长下行、年中居民出国旅游增多和外商投资企业汇出利润集中购汇等市场因素，以及政策调控因素的影响，2013 年 5—8 月非银行部门结售汇顺差较前 4 个月下降 82%；二是银行大幅增持外汇头寸，中间虽有所回落，但年末仍较政策出台前增加 170 多亿美元；三是截至 2013 年底，银行境内外汇贷款余额和外汇贷存比分别较 5 月末下降近 300 亿美元和 6 个百分点（见图 1-13）；四是内地对港出口增速回归正常，由 1—4 月的同比增长 68% 回落至全年 23% 的水平。

图 1-13

2011—2013 年各月外汇存贷款余额及贷存比

图例：外汇存款余额（左轴）　境内外汇贷款余额（左轴）　境内外汇贷存比（右轴）

数据来源：中国人民银行。

（四）跨境资金流动与外汇储备变动

在 2012 年的《中国跨境资金流动监测报告》中，针对 2012 年所出现的跨境资金流动新情况，提出在借鉴以外汇储备增量为扣减基础的"残差法"[①]时需要注意其局限性。如果我国国际收支呈现自主平衡，外汇资产的持有和运用主体将由央行转向银行、企业、个人等市场主体。在此情况下，通过"残差法"将会测算出大量资金流出，实际上是境内机构和个人持有的对外资产增加。而且，这种"贴标签"的方式容易产生系统性偏差。存在流入压力时，会将合法的资金流入归为热钱流入；存在流出压力时，又会将合法的资金流出归为资本外逃。因此，为大致区分我国跨境资金整体流动中的稳定性因素和波动性因素，较佳选择仍是依托国际收支平衡表，按照国际通行的做法，将经常项目和直接投资的合计差额视为稳定性较高、与实体经济关系较大的跨境资金流动（即基础国际收支交易），将非直接投资资本流动（即 non-FDI capital flows，主要包括证券投资和其他投资，为增强与外汇储备资产变动的匹配程度，再加入净误差与遗漏）视为波动性较大的跨境资金流动。

需要说明的是，此方法也不能用于测算境外热钱进出我国的情况，非直接投资所代表的波动性跨境资金流动具有更广泛的涵义，除我国证券投资和其他投资对外负债以外，还包括该项下境内民间主体的资金跨境流出与回流，即对外资产的变化。如 2012 年跨境资金的大量流出中大部分是境内主体的对外资产增多所致，而不能纯粹理解为资本外逃或热钱流出。今后，如果我国国际收支自主平衡性进一步增强，非直接投资资产净流出也会成为对冲稳定性资金流入的重要项目。

照此测算，根据初步数据，2013 年，我国交易形成的外汇储备增加 4 327 亿美元。其中，稳定性较高、与实体经济关系较大的跨境资金净流入 3 594 亿美元，对外汇储备增长的贡献率为 83%。波动性较大的跨境资金净流入达 720 亿美元，贡献了 17%，与同期 GDP 之比仅为 0.8%。从 2001 年以来的累计情况看，与实体经济关系较大的跨境资金净流入基本贡献了全部的储备增长，波动性较大的跨境资金呈现小幅净流出。从 1994 年以来的更长期看，1994—2002 年我国波动性较大的跨境资金持续净流出，2003—2011 年以净流入为主，2012 年出现大幅净流出，2013 年又重回小幅净流入。但总体看，波动性较大的资金流动净额与 GDP 之比并不高，说明随着我国经济实力的不断提升，对跨境资金波动的承受力越来越强（见表 1-1 和图 1-14）。

[①] "残差法"是一种比较流行的热钱规模测算方法。大多使用外汇储备增量减去贸易顺差和直接投资净流入，剩余部分被认为是热钱流动。

表 1–1　2001—2013 年我国跨境资金流动中的稳定性和波动性因素　　单位：亿美元，%

年　份	稳定性较高的资本流动		波动性较大的资本流动		外汇储备变动
	规　模	对外汇储备贡献率	规　模	对外汇储备贡献率	
2001	548	118	-74	-16	466
2002	822	111	-67	-9	742
2003	925	87	137	13	1 060
2004	1 291	68	610	32	1 904
2005	2 228	88	238	9	2 526
2006	3 320	116	-512	-18	2 853
2007	4 923	107	-347	-8	4 609
2008	5 354	112	-589	-12	4 783
2009	3 304	86	660	17	3 821
2010	4 236	90	435	9	4 696
2011	3 677	96	146	4	3 848
2012	3 843	389	-2 920	-296	987
2013	3 594	83	720	17	4 327
合计	38 065	104	-1 563	-4	36 622

数据来源：国家外汇管理局（2013 年为初步数）。

图 1–14

1994—2013 年我国波动较大的跨境资金流动净额与 GDP 之比

数据来源：国家外汇管理局、国家统计局。

二、跨境资金流动主要项目分析

本部分综合利用国际收支、跨境收付和结售汇的数据，进一步分析货物贸易、服务贸易、直接投资、证券投资、外债等主要项目的跨境资金流动状况。

（一）货物贸易

1. 货物贸易跨境收付

货物贸易仍是非银行部门跨境收付的主要项目。2013 年，我国货物贸易跨境收入较上年增长 11%，跨境支付增长 6%，收付总额 3.92 万亿美元，较上年增长 8%，增速回落 1 个百分点。全年，我国货物贸易跨境收付总额占非银行部门跨境收付总额的 68%，较 2012 年占比下降 3 个百分点。货物贸易跨境收付顺差 1 433 亿美元，增长 1.44 倍，占全部跨境收付顺差的 69%，占比上升 17 个百分点（见图 2-1）。

图 2-1

2001—2013 年货物贸易跨境收付情况

数据来源：国家外汇管理局。

出口收款比例上升，进口付款比例下降。2013 年，货物贸易跨境收入与出口（即出口收入率）之比为 92%，较上年上升 2 个百分点；货物贸易跨境支付与进口之比（即进口支付率）为 97%，下降 1 个百分点。全年货物贸易跨境收付顺差低于进出口顺差 1 164 亿美元（见图 2-2），较上年收窄 552 亿美元，说明跨境贸易融资和信贷仍总体表现为净流出，但规模有所下降。除 1 月、3 月和 9 月外，其余各月货物贸易跨境收付顺差均小于进出口顺差（见图 2-3）。

图 2-2

2002—2013 年货物贸易跨境收付顺差与进出口顺差差距及相关指标

数据来源：国家外汇管理局、海关总署。

图 2-3

2013 年货物贸易跨境收付顺差与进出口顺差差距及相关指标

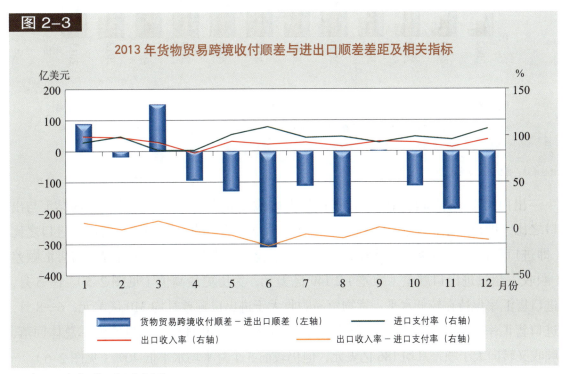

数据来源：国家外汇管理局、海关总署。

2. 货物贸易结售汇

货物贸易是非银行部门结售汇顺差及其增长的主要来源。2013 年，我国货物贸易结汇较上年增加 17%，售汇下降 8%，结售汇总额 2.39 万亿美元，较上年增长 6%，占非银行部门结售汇总额的 73%，较上年占比下降 1 个百分点。全年，货物贸易结售汇顺差 4 747 亿美元，占非银行部门结售汇顺差 3 897 亿美元的 122%；货物贸易结售汇顺差较上年增加 2 878 亿美元，增长 1.54 倍，相当于非银行部门结售汇顺差增加额的 103%（见图 2-4）。

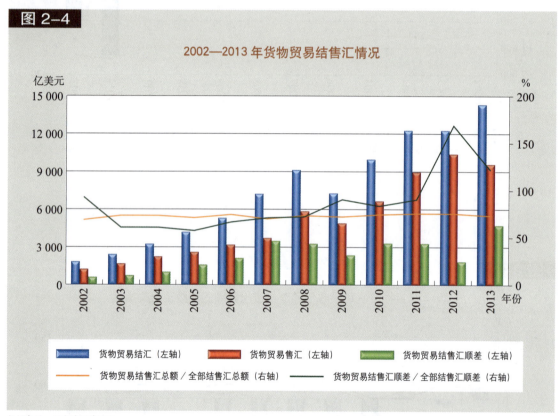

图 2-4

2002—2013 年货物贸易结售汇情况

数据来源：国家外汇管理局。

出口结汇率维持较高水平，进口售汇率波动较大。2013 年，货物贸易结汇与出口之比（即出口结汇率）为 65%，较上年上升 5 个百分点；货物贸易售汇与进口之比（即进口售汇率）为 49%，下降 8 个百分点。全年，非银行部门货物贸易结售汇顺差（顺收）超过进出口顺差（顺差）2 149 亿美元，为历史最高值（见图 2-5）。1—5 月，进口售汇率保持在较低水平，货物贸易顺收大于进出口顺差月均 310 亿美元；6—8 月，进口售汇率快速上升，顺收小于顺差月均 48 亿美元；9 月后，进口售汇率总体回落，顺收又转向大于顺差月均 186 亿美元，但仍较前 5 个月平均水平低 40%（见图 2-6）。

进出口顺差和企业财务运作是货物贸易结售汇较大顺差的主要影响因素。

图 2-5

2002—2013 年货物贸易结售汇顺差与进出口顺差差距及相关指标

数据来源：国家外汇管理局、海关总署。

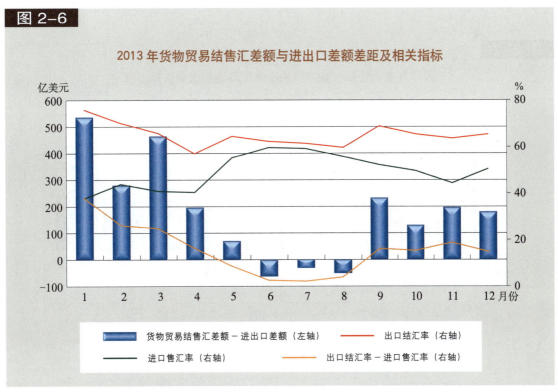

图 2-6

2013 年货物贸易结售汇差额与进出口差额差距及相关指标

数据来源：国家外汇管理局、海关总署。

2013 年，包括银行自身和非银行部门的货物贸易结售汇顺差 4 272 亿美元，增长 1.54 倍。从顺差构成看，进出口顺差和企业财务运作分别为货物贸易结售汇顺差贡献了 61% 和 12%。从顺差增长的构成看，进出口顺差增加了 295 亿美元，对货物贸易结售汇顺差增加的贡献率为 11%；企业财务运作导致的跨境资金流动则由 2012 年净流出 754 亿美元转为净流入 519 亿美元，贡献率达 50%（见表 2-1）。从各月变动情况看，进出口顺差保持相对稳定，企业财务运作波动较大。其中，1—4 月，企业财务运作导致的跨境资金呈现净流入，占同期货物贸易结售汇顺差的 46%；6—8 月，企业财务运作总体导致资金净流出，也降低了货物贸易结售汇顺差规模；9—12 月，企业财务运作又导致跨境资金净流入，贡献了同期货物贸易结售汇顺差的 9%（见图 2-7）。

表 2-1　2013 年货物贸易结售汇差额主要形成因素及变动贡献率　　　单位：亿美元，%

主要形成因素	2013 年	贡献率	较 2012 年变动额	变动贡献率
货物贸易结售汇差额	4 272	100	2 588	100
进出口差额	2 598	61	295	11
财务运作	519	12	1 290	50
购汇偿还国内外汇贷款（贸易相关）	618	14	31	1
其他因素	537	13	972	38

注：财务运作指企业根据市场环境变化，对贸易相关的境内外汇存贷款、跨境人民币收付，以及跨境贸易融资和信贷进行调整，并引起货物贸易结售汇差额变化。

数据来源：国家外汇管理局、中国人民银行、海关总署。

图 2-7

2013 年各月全口径货物贸易结售汇顺差的主要贡献因素

亿美元

数据来源：国家外汇管理局、中国人民银行、海关总署。

（二）服务贸易

服务贸易项下跨境资金流动继续快速增长。2013 年，服务贸易跨境收入增长 37%，支出增长 30%；跨境收付总额 9 670 亿美元，增长 33%，增速高出货物贸易 25 个百分点，占整个跨境收付总额的 17%，占比较 2012 年增加 3 个百分点（见图 2-8）。服务贸易结汇增长 15%，售汇增长 28%；结售汇总额 3 923 亿美元，增长 23%，增速高出货物贸易 17 个百分点，占整个结售汇总额的 12%，占比较 2012 年增加 1 个百分点（见图 2-9）。

服务贸易跨境收付逆差有所回落。2013 年，净支付 575 亿美元，较上年下降 5%（见图 2-8）。从总量情况看，服务贸易项下资金呈现大进大出的趋势，跨境收入与支出增长速度均在 30% 以上，但跨境收入增长较支出增长高出 7 个百分点，最终导致逆差下降。从结构上看，服务贸易跨境收付逆差下降主要原因是转口贸易等顺差项目的快速增长。全年，转口贸易跨境收付顺差 704 亿美元，增长 140%。服务贸易逆差仍主要来自旅游，达到 1 406 亿美元，增长 35%，较 2012 年增加 3 个百分点。这与出境旅游人数的持续增长的情况基本一致，据旅游局公布，2013 年出境旅游人数超过 9 819 万人，较上年增长 18%。

服务贸易结售汇逆差大幅增加。2013 年，净售汇 1 245 亿美元，较上年增长

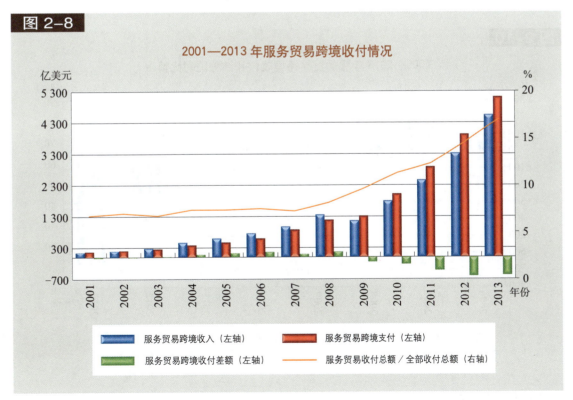

图 2-8

2001—2013 年服务贸易跨境收付情况

数据来源：国家外汇管理局。

图 2-9

数据来源：国家外汇管理局。

图 2-10

数据来源：国家外汇管理局。

45%（见图2-9）。服务贸易结汇意愿下降是结售汇逆差扩大的主要原因。2013年，服务贸易结汇与收入之比（即服务贸易结汇率）为29%，较2012年下降6个百分点；服务贸易售汇与支出之比（即服务贸易售汇率）为50%，仅下降2个百分点（见图2-10）。

个人结售汇逆差成为平衡我国外汇供求的重要因素

近年来，我国个人（含居民和非居民，下同）结售汇规模逐步上升，体现了我国经济社会以及个人加快融入全球化的结果。同时，个人结售汇差额由顺差转为逆差并不断扩大，这也符合我国综合国力提升、居民收入提高和消费需求释放的总体趋势，而且有利于促进国际收支平衡，未来也将继续成为影响外汇供求的重要力量。主要特点如下：

一是我国个人结售汇规模快速增长，境内居民的主体地位更加明显。2006—2013年，个人结售汇总量由926亿美元攀升至2 980亿美元，年均增长18%。其中，居民个人结售汇规模占比由2006年的77%上升至2013年的91%（见图C2-1）。

图 C2-1

2006—2013年我国个人结售汇差额

数据来源：国家外汇管理局。

二是自2012年起个人结售汇差额由顺转逆，个人售汇增长十分突出。2009年以来，个人售汇年均增长35%，个人结汇保持相对稳定，使得个人结售汇顺差从2008年的高位863亿美元逐年回落并转为逆差。2013年，个人售汇较2012年增长35%，个人结汇仅增长1%，结售汇逆差932亿美元，较2012年扩大1.25倍。其中，居民个人结售汇逆差增长91%，非居民个人结售汇顺差略降6%（见图C2-1）。

三是个人旅游项下结售汇已连续7年逆差，并主导了个人结售汇逆差格局。个人旅游项目包括个人跨境从事商务、探亲、留学、观光、就医、朝觐等活动的外汇收入结汇和支出售汇。随着我国居民个人旅游购汇的持续大幅增长，2007年起个人旅游项下结售汇开始呈现逆差并逐年扩大，2013年达到1 492亿美元，较上年增长45%。其中，个人在服务贸易中通过银行卡的购汇（旅游用途为主）大幅增加，2013年该项下结售汇逆差689亿美元，增长35%（见表C2-1）。

表 C2-1　2006—2013年我国个人结售汇差额的主要项目

年份 项目	2006	2007	2008	2009	2010	2011	2012	2013
个人结售汇差额合计	710	747	863	407	380	118	-415	-932
经常项目	683	862	838	382	341	99	-415	-944
货物贸易	121	94	135	91	95	90	78	68
旅游	57	-6	-110	-314	-454	-725	-1 030	-1 492
其中：银行卡	24	7	-29	-90	-190	-339	-512	-689
职工报酬和赡家款	290	560	647	519	627	661	484	442
资本与金融项目	27	-115	25	25	39	19	0	12

注：银行卡为服务贸易各项目中与银行卡相关的结售汇，其中大部分属于旅游项下。

四是职工报酬和赡家款一直是最主要的个人结售汇顺差项目，近两年规模有所下降。职工报酬是指在境外工作的我国居民个人的外汇收入结汇和在我国境内工作的非居民个人的外汇支出售汇。赡家款是指我国居民个人接受境外亲属提供的赡养收入结汇，以及向境外亲属提供的赡养费用售汇。2011年，我国居民个人职工报酬和赡家款项下结汇达到历史高位后逐年回落，导致2012年和2013年该项目个人结售汇顺差分别下降27%和9%（见表C2-1）。

　　我国个人结售汇差额的格局反映了个人涉外行为的当前特征及变化。一方面，职工报酬和赡家款持续顺差，说明我国境外务工人员较多、华人华侨规模较大，此类资金存在流入和结汇的客观需要，但也不排除在人民币升值预期下，一些外汇资金可能通过此方式进入境内投资。另一方面，旅游项目逆差迅速上升，体现了我国居民收入持续增加、人民币购买力不断增强、跨境交流更加便利、消费观念逐步改变、消费需求进一步升级等因素的综合影响。当然，其中也可能存在个人借道投资境外股票、房地产等市场的潜在投资需求。

（三）直接投资①

1. 来华直接投资

　　来华直接投资净流入与上年基本持平。2013年，来华直接投资流入1 909亿美元，较上年增长12%；流出524亿美元，增长62%；净流入1 385亿美元，与上年基本持平，显示我国仍是外国直接投资的重要目的地（见图2-11）。其中，投资资本金净流入1 199亿美元，增长3%，占整个来华直接投资净流入的87%，较上年增长3个百分点；股东贷款等债务往来净流入186亿美元，减少18%，占比13%，较上年下降3个百分点（见图2-12）。全年，投资资本金结汇1 045亿美元，资本金结汇率71%（即来华直接投资资本金结汇/资本金流入），较上年下降4个百分点；净结汇958亿美元，增长9%。

　　股东贷款等关联方往来趋于活跃。2013年，与境外股东等关联方往来净流入较上年减少18%。这主要不是因为境外母公司等关联方贷款流入减少，而在于境内机构对境外关联方的投资增多，是导致来华直接投资流出较快增长的主要原因（见图2-13）。当年来华直接投资下借用境外股东贷款净流入253亿美元，较上年增长10%；向境外关联方提供贷款净流出68亿美元，增长8.4倍。2013年，外商来华直接投资企业利润汇出增长显著，全年汇出857亿美元，增长24%（见

---

　　① 除特别标注外，本节所称直接投资指非银行部门直接投资，包括境内非银行部门和境外与其存在直接投资关系的关联机构或个人间的投资资本金、借贷往来等流入及流出情况；数据来源于国家外汇管理局国际收支统计监测系统。

图 2-11

2001—2013 年来华直接投资情况

数据来源：国家外汇管理局。

图 2-12

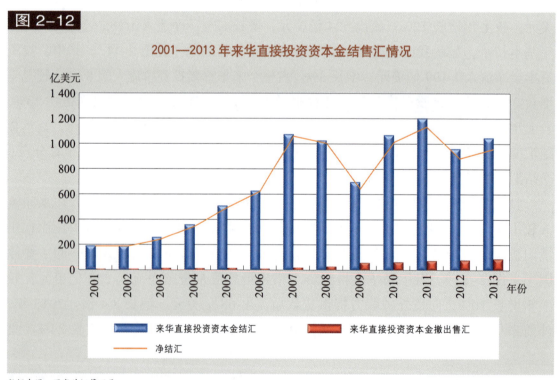

2001—2013 年来华直接投资资本金结售汇情况

数据来源：国家外汇管理局。

图 2-13

2001—2013 年来华直接投资股东贷款等关联方往来情况

数据来源：国家外汇管理局。

图 2-14

2001—2013 年来华直接投资企业利润汇出情况

数据来源：国家外汇管理局。

图 2-14），一方面，缘于往年外资盈利较多，使得本年可汇出利润有较大增长；另一方面，部分中资控股外资公司将利润汇往境外，以支持境内控股母公司开展海外并购。

来华直接投资流入中美元占比下降。 2013 年，非银行部门来华直接投资中，美元流入 1 082 亿美元，较上年增长 2%，其币种占比由上年的 62% 下降至 57%；人民币流入 559 亿美元，增长 53%，币种占比由上年的 21% 上升至 29%，其中来自中国香港的人民币流入 395 亿美元，增长 49%。

2. 对外直接投资

对外直接投资净流出较上年下降[①]。2013 年，我国对外直接投资流出 599 亿美元，较上年减少 3%；流入 327 亿美元，增长 47%；净流出 272 亿美元，减少 32%（见图 2-15）。同期，对外直接投资资本金流出售汇 220 亿美元，减少 17%，资本金流出售汇率（即对外直接投资资本金售汇 / 资本金流出）57%，上升 4 个百分点；资本金撤回结汇 32 亿美元，增长 1.3 倍，资本金撤回结汇率（即对外直接投资资本金撤回结汇 / 资本金撤回流入）19%，上升 9 个百分点；净售汇 188 亿美元，减少 25%（见图 2-16）。

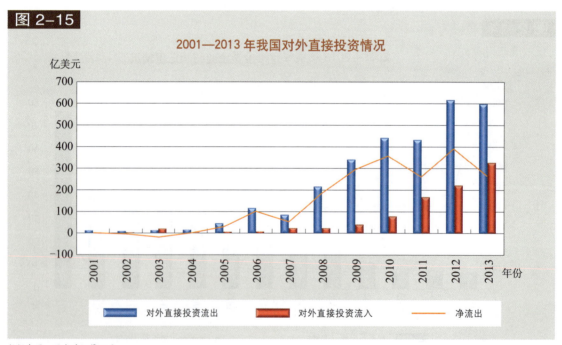

图 2-15

2001—2013 年我国对外直接投资情况

数据来源：国家外汇管理局。

---

① 相关结论基于跨境资金流动数据，没有包含境外被投资机构当期未分配利润或留存利润增加，从而使得归属于我国的对外直接投资增加的情况。这部分归属于我国的对外直接投资留存利润不产生跨境资金流出入。

续表

编号	图形标志	名称	标志种类	设置范围和地点
17		禁止攀登 No climbing	J	不允许攀爬的危险地段，如有坍塌危险的建筑物、构筑物、设备旁，接触网、变电所带电设备
18		禁止跳下 No jumpingdown	J	不允许跳下的危险地段，如深沟、深地、车站站台及调车作业上下车
19		禁止伸出窗外 Banned out of the window	J	易于造成头手伤害的部位或场所，如公交车车窗、火车车窗等
20		禁止倚靠 No leaning	J	不能倚靠的地点或部位，如列车护栏、车门、车站屏蔽门、电梯轿门等
21		禁止坐卧 No sitting	J	高温、腐蚀性、塌陷、坠落、翻转、易损等易于造成人员伤害的设备设施表面，如钢轨上、车辆下等
22		禁止蹬踏 Ban cadence	J	高温、腐蚀性、塌陷、坠落、翻转、易损等易于造成人员伤害的设备设施表面
23		禁止触摸 No touching	J	禁止触摸的设备或物体附近，如裸露的带电体，炽热物体，具有毒性、腐蚀性的物体等处
24		禁止伸入 No reachingin	J	易于夹住身体部位的装置或场所，如有开口的传动机、破碎机、销孔处

续表

编号	图形标志	名称	标志种类	设置范围和地点
25		禁止抛物 No tossing	J	抛物易伤人的地点，如高处作业现场、深沟（坑）等
26		禁止戴手套 No putting on gloves	J	戴手套易造成手部伤害的作业地点，如旋转的机械加工设备附近
27		禁止穿化纤服装 No putting on chemical fibre clothings	H	有静电火花会导致灾害或有炽热物质的作业场所，如有易燃易爆物质的场所等
28		禁止游泳 No	H	禁止游泳的水域
29		禁止滑冰	H	禁止滑冰的场所
30		禁止携带托运易燃及易爆物品 No carrying flammable and explosive items	H	不能携带和托运易燃、易爆物品及其他危险品的场所或交通工具，如火车、飞机、地铁等
31		禁止携带托运有毒物品及有害液体 No Carrying poisonous materials and harmful liquid	H	不能携带托运有毒物品及有害液体的场所或交通工具，如火车、飞机、地铁等
32		禁止携带托运放射性及磁性物品 No carrying radio active and magnetic materials	H	不能携带托运放射性及磁性物品的场所或交通工具，如火车、飞机、地铁等

2.2 警告性标志标准

目　的：规范警告性标志制作和使用的标准，提醒人们注意，避免发生危险。

对　象：需要警告的生产生活场所。

标　准：1. 警告标志的基本形式是黄色与黑色组成的正三角形边框，规格见表 1-2-3；警告图案在黄色区域内部，用黑色表示；

2. 警告标志尺寸型号选用指引：

（1）工地、工厂等的入口处设 6 型或 7 型；

（2）车间入口处、厂区内和工地内设 5 型或 6 型；

（3）车间内设 4 型或 5 型；

（4）局部信息标志牌设 1 型、2 型或 3 型；

3. 制作要求：

（1）警告标志的附着体采用 PVC 或铝材，单面印刷；

（2）警告标志的附着体制作宽度尺寸，可以比标志外边长宽 60 mm 或 100 mm；

（3）警告标志要有衬边；用黄色将边框勾一窄边，即为安全标志的衬边，衬边宽度为标志边长或直径的 0.025 倍；

4. 常见的警告性标志见表 1-2-4；

5. 参考资料：《GB2894-2008 安全标志及其使用导则》。

表 1-2-3　警告性标志的规格

警告性标志	尺寸规格	尺寸型号	观察距离(mm)	外边长 a_1（mm）
	L 为观察距离；外边 $a_1=0.034\,L$；内边 $a_2=0.7a_1$；边框外角圆弧半径 $r=0.08a_2$	1	$1 < L \leqslant 2500$	88
		2	$2500 < L \leqslant 4000$	142
		3	$4000 < L \leqslant 6300$	220
		4	$6300 < L \leqslant 1000$	350
		5	$10000 < L \leqslant 16000$	560
		6	$16000 < L \leqslant 25000$	880
		7	$25000 < L \leqslant 40000$	1400

表 1-2-4　警告性标志

编号	图形标志	名称	标志种类	设置地点或位置
1		注意安全 Warning danger	H.J	易造成人员伤害的场所及设备等
2		当心火灾 Warning fire	H.J	易发生火灾的危险场所，如可燃性物质的生产、储运、使用等
3		当心爆炸 Warning gexplosion	H.J	易发生爆炸危险的场所，如易燃易爆物质的生产、储运、使用地点或受压容器等
4		当心腐蚀 Warning corrosion	H.J	有腐蚀性物质（GB1 2268－2005 中第 8 类所规定的物质）的作业地点
5		当心中毒 Warning poisoning	H.J	剧毒品及有毒物质（GB12268－2005 中第 6 类第 1 项所规定的物质）的生产、储运及使用地点
6		当心触电 Warning electricshock	J	有可能发生触电危险的电器设备和线路，如高压场所
7		当心电缆 Warning cable	J	有暴露的电缆或地面下有电缆处施工的地点
8		当心机械伤人 Warning mechanical injury	J	易发生机械卷入、轧压、碾压、剪切等机械伤害的作业地点

续表

编号	图形标志	名称	标志种类	设置地点或位置
9		当心塌方 Warning collapse	H.J	有塌方危险的地段、地区，如堤坝护坡及土方作业的深坑、深槽等
10		当心冒顶 Warning roof fall	J	具有冒顶危险作业场所，如矿井、隧道等
11		当心坑洞 Warning hole	J	具有坑洞易造成伤害的作业地点，如人孔、渗水井等
12		当心落物 Warning falling objects	J	易发生落物危险的地点，如高空作业、立体交叉作业的下方等
13		当心吊物 Warning overhead load	J.H	有吊装设备作业的场所，如施工工地、仓库、车间等
14		当心碰头 Warning overhead obstacles	J	有产生碰头的场所
15		当心挤压 Warning crushing	J	有产生挤压的装置、设备或场所，如自动门、电梯门、车站屏蔽门等
16		当心烫伤 Warning scald	J	具有热源易造成伤害的作业地点，如冶炼、锻造、铸造、热处理车间等

续表

编号	图形标志	名称	标志种类	设置地点或位置
17		当心夹手 Warning hands pinching	J	有产生挤压的装置、设备或场所，如自动门、电梯门、列车车门、压面机、和面机等
18		当心弧光 Warning arc	H.J	由于弧光造成眼部伤害的各种焊接作业场所
19		当心高温表面 Warning hotsurface	J	有灼烫物体表面的场所
20		当心叉车 Warning forklift trucks	J.H	有叉车通行的场所
21		当心车辆 Warning vehicle	J	厂内车、人混合行走的路段，道路的拐角处，平交路口；车辆出入较多的厂房、车库等出入口
22		当心火车 Warning train	J	厂内铁路与道路平交路口，厂（矿）内铁路运输线等
23		当心坠落 Warning dropdown	J	易发生坠落事故的作业地点，如脚手架、高处平台、地面的深沟（池、槽）、建筑施工、高处作业场所等
24		当心障碍物 Warning obstacles	J	地面有障碍物，绊倒易造成伤害的地点

编号	图形标志	名称	标志种类	设置地点或位置
25		当心跌落 Warning drop(fall)	J	易于跌落的地点，如楼梯、台阶、高空作业等
26		当心滑倒 Warning slippery surface	J	地面有易造成伤害的滑跌地点
27		当心落水 Warning falling into water	J	落水后有可能产生淹溺的场所或部位，如城市河流、消防水池等

2.3　指令性标志标准

目　　的：规范指令性标志制作和使用的标准，强制人们必须按照要求执行。

对　　象：必须强制执行某种动作或采用防范措施的位置。

标　　准：1. 指令标志的基本型式是蓝色为底色的圆形边框，规格见表 1-2-5；指令图案采用蓝色，置于圆中心，并以白色轮廓与周围区域隔开；

　　　　　 2. 指令标志尺寸型号选用指引：

　　　　　（1）工地、工厂等的入口处设 6 型或 7 型；

　　　　　（2）车间入口处、厂区内和工地内设 5 型或 6 型；

　　　　　（3）车间内设 4 型或 5 型；

　　　　　（4）局部信息标志牌设 1 型、2 型或 3 型；

　　　　　 3. 制作要求：

　　　　　（1）指令标志的附着体采用 PVC 或铝材，单面印刷；

　　　　　（2）指令标志的附着体制作宽度尺寸，可以比标志外边长宽 60 mm 或 100 mm；

　　　　　（3）指令标志要有衬边；用白色将边框勾一窄边，即为安全标志的衬边，衬边宽度为标志边长或直径的 0.025 倍；

　　　　　 4. 常见的指令性标志见表 1-2-6；

　　　　　 5. 参考资料：《GB2894-2008 安全标志及其使用导则》。

表 1-2-5　指令性标志的规格

禁止性标志	尺寸规格	尺寸型号	观察距离 (mm)	直径 d_1 （mm）
		1	$1 < L \leqslant 2500$	70
		2	$2500 < L \leqslant 4000$	110
		3	$4000 < L \leqslant 6300$	175
	L 为观察距离；直径 $d = 0.25L$	4	$6300 < L \leqslant 1000$	280
		5	$10000 < L \leqslant 16000$	450
		6	$16000 < L \leqslant 25000$	700
		7	$25000 < L \leqslant 40000$	1110

表 1-2-6　指令性标志

编号	图形标志	名称	标志种类	设备范围和地点
1		必须戴防护眼镜 Must wear safety glasses	H.J	对眼睛有伤害的各种作业场所和施工场所，如焊轨作业等
2		必须配戴遮光护目镜 Shading must wear goggles	J.H	存在紫外、红外、激光等光辐射的场所，如电气焊等
3		必须戴口罩 Have to wear a face mask	H	具有粉尘的作业场所，如隧道作业
4		必须戴防毒面具 Must wear a mask	H	具有对人体有害的气体、气溶胶、烟尘等作业场所，如有毒物散发的地点或处理有毒物造成的事故现场

续表

编号	图形标志	名称	标志种类	设备范围和地点
5		必须戴安全帽 Must wear safety helmet	H	头部易受外力伤害的作业场所，如隧道作业、接触网检修等
6		必须系统安全带 Must fastened safety belt	H.J	易发生坠落危险的作业场所，如高空作业等
7		必须穿防护服 Must wear protective clothing	H	具有放射、微波、高温及其他需穿防护服的作业场所，如上道作业等
8		必须戴防护手套 Must wear protective gloves	H.J	易伤害手部的作业场所，如具有腐蚀、污染、灼烫、冰冻及触电危险的作业等地点
9		必须穿防护鞋 Must wear protective shoes	H.J	易伤害脚部的作业场所，如具有腐蚀、污染、灼烫、冰冻及触电危险的作业等地点
10		必须加锁 Must be locked	J	剧毒品、危险品库房等地点
11		必须接地 Must be grounded	J	防雷、防静电场所
12		必须拔出插头 Must pull the plug	J	在设备维修、故障、长期停用、无人值守状态下

2.4 指示性标志标准

目　的：规范指示性标志制作和使用的标准，提供安全指示信息。

对　象：需要提供安全指示信息的位置。

标　准：1. 指示性标志的基本型式是绿色为底色的正方形边框，规格见表 1-2-7；指令图案采用绿色或白色，置于边框内；

2. 指示标志的方向辅助标志：

（1）指示标志指示目标的位置时要加方向辅助标志；

（2）按实际需要指示左向时，辅助标志应放在图形标志的左方；指示右向时，则应放在图形标志的右方（见图 1-2-1）；

图 1-2-1　应用方向辅助标志示例

3. 指示标志尺寸型号选用指引：

（1）工地、工厂等的入口处设 6 型或 7 型；

（2）车间入口处、厂区内和工地内设 5 型或 6 型；

（3）车间内设 4 型或 5 型；

（4）局部信息标志牌设 1 型、2 型或 3 型；

4. 制作要求：

（1）指示标志的附着体采用 PVC 或铝材，单面印刷；

（2）指示标志的附着体制作宽度尺寸，可以比标志外边长宽 60 mm 或 100 mm；

（3）指示标志要有衬边；用白色将边框勾一窄边，即为安全标志的衬边，衬边宽度为标志边长或直径的 0.025 倍；

5. 参考资料：《GB2894-2008 安全标志及其使用导则》；

6. 常见的指示性标志见表 1-2-8。

表 1-2-7　指示性标志的规格

指示性标志	尺寸规格	尺寸型号	观察距离 (mm)	边长 d_1 （mm）
	L 为观察距离；长 $a=0.25L$	1	$1<L\leqslant2500$	63
		2	$2500<L\leqslant4000$	100
		3	$4000<L\leqslant6300$	160
		4	$6300<L\leqslant1000$	250
		5	$10000<L\leqslant16000$	400
		6	$16000<L\leqslant25000$	630
		7	$25000<L\leqslant40000$	1000

表 1-2-8　指示性标志

编号	图形标志	名称	标志种类	设备范围和地点
1		安全出口 EXIT	J	便于安全疏散的紧急口处，与方向箭头结合设在通向紧急出口的通道、楼梯口等处
2		避险处 Haven	J	铁路桥、公路桥及隧道内躲避危险的地点
3		击碎板面 Break toobtain access	J	必须击开板面才能获得出口
4		应急电话 Emergency telephone	J	安装应急电话的地点
5		紧急医疗站 Doctor	J	有医生的医疗救助场所。

2.5 文字辅助标志标准

目　的：规范禁止、警告、指令、指示性标志辅助文字的制作、使用标准，使传达信息更加准确。

对　象：禁止、警告、指令、指示性标志。

标　准：1. 文字辅助标志的基本文字辅助标志形式是矩形边框，有横写和竖写两种形式；

2. 横写时，文字辅助标志写在标志的下方，可以和标志连在一起，也可以分开；禁止标志、指令标志为白色字；警告标志为黑色字；禁止标志、指令标志的文字衬底色为标志的颜色，警告标志文字衬底色为白色，见图 1-2-2 及图 1-2-3；

3. 竖写时，文字辅助标志写在标志杆的上部；禁止标志、警告标志、指令标志、指示标志为白色衬底，黑色字；标志杆下部色带的颜色应和标志的颜色相一致，见图 1-2-4；

4. 文字字体均为黑体字，字号根据标志的大小选择合适字号。

图 1-2-2　横写的文字辅助标志

图 1-2-3　横写的文字辅助标志

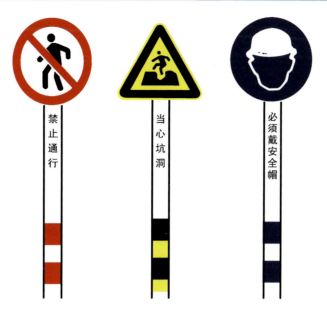

图 1-2-4　竖写在标志杆上部的文字辅助标志

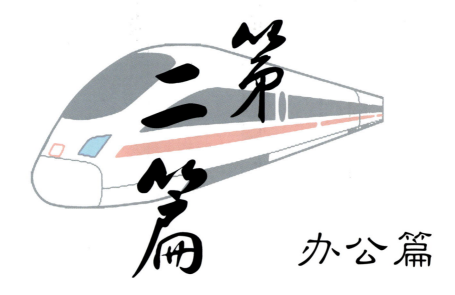

第二篇 办公篇

河东运输段自 2010 年 12 月成立以来，紧紧围绕"和谐站区、共建共享"的工作思路，一直致力于改善职工生产生活环境。五年来，从各站区杂草丛生、杂乱不堪，到现在干净整洁、整齐有序；从基础差、标准低，到如今高标准、高质量；从标准化建设的全面推广到明示化现场会的圆满召开，都是全体河东人一步一个脚印的真实见证。可以毫不夸张地说，安全明示化管理就是我们五年来标准化建设扎实基础的沉淀。

在将近半年的安全明示化建设中，办公室本着"健康生活、快乐工作"的原则，以"以美养善、以善育美"为基本出发点和立足点，全力推进后勤办公、生活区域明示化管理，做到了宿舍窗明几净，干净整洁；办公室物品定位规范，文件标签统一；卫生间、洗漱间无异味、无污垢，办公管理实现了标准化、规范化、科学化，职工生活条件大为改善。

为了在其他站区全面谋划、分步推进办公室安全明示化管理，我们从室外公共区域、室内公共区域、办公室、宿舍、会议室、卫生间、洗漱间多方位入手，将现有管理标准搜集整理编制成本篇内容，以便大家参照学习和执行。

第1章 办公系统安全明示化标准图例

类别	序号	名称	图例	材质	位置	规格
室外公共区域	1	墙裙		乳胶漆涂料	办公楼、综合楼墙面	高1250mm,长度视楼体具体尺寸而定
	2	墙面		乳胶漆涂料	办公楼、综合楼墙面	除去墙裙1250mm以外,根据楼体高度粉刷
	3	屋檐、窗框		乳胶漆涂料	屋檐、窗框四周	宽100mm
	4	铁栅栏		铁质	站区四周	每块栅栏宽2500mm,高1850mm

续表

类别	序号	名称	图例	材质	位置	规格
室外公共区域	5	警示牌		铝合金	每隔5块栅栏，铁栅栏正中间会悬挂"禁止翻越"警示牌	长550mm，宽380mm，厚20mm
	6	铁塔栅栏		PVC绝缘材质	站区院内铁塔设备四周	栅栏总高1500mm
	7	栅栏红色反光条		纸质	在每根栅栏条的正面居中粘贴	长500mm，宽25mm
	8	空调外机栅栏		不锈钢	室外空调外机四周	总高1200mm，大小视实际情况而定，并制作盖顶
	9	栅栏外警示牌		铝合金	空调外机栅栏外侧	高550mm，宽380mm，厚20mm

续表

类别	序号	名称	图例	材质	位置	规格
室外公共区域	10	路灯水泥台		水泥	每盏路灯下方	400mm 见方的水泥台，高50mm，水泥台刷白色油漆
	11	路灯杆		油漆、反光条	路灯杆从地面起至 1200mm 高的部分别白色油漆	每隔 150mm，粘贴宽 150mm 的红色反光条
	12	路灯编号		不干胶贴	路灯杆上	直径 60mm
	13	电线杆		白色油漆、反光条	从地面起 120cm 高的部分刷白色油漆	每隔 200mm，粘贴宽 200mm 的红色反光条
	14	停车场栏杆		钢管	站区院内停车区域	钢管直径 60mm，高 250mm，长 1700mm，使用黄黑油漆间隔涂刷，每段长 400mm
	15	花园围栏		花岗岩石	站区院内花园四周	高 120mm，宽 120mm

类别	序号	名称	图例	材质	位置	规格（mm)
室外公共区域	16	室外垃圾桶		提示牌为铝合金，定位条为油漆	站区院内合适位置	1. 提示牌长400mm，宽180mm，厚20mm，粘贴于垃圾桶正上方150mm处 2. 垃圾桶定位条用红色油漆油饰，宽50mm，距离垃圾桶底部20mm
	17	娱乐场所明示牌		不锈钢钢架结构	站区活动场所	长3800mm，宽1490mm
	18	卫生责任区域图明示		不锈钢钢架结构	站区院内适当位置	长1400mm，宽800mm
	19	道路划线		油漆	站区主干道	每隔50m，划车辆上下行箭头长1800mm，三角形高1200mm，底边450mm；白色路线宽150mm，每条虚线长1200mm；
室内公共区域	20	大门神朔标志		亚克力板	大门正上方	依据实际情况而定

续表

类别	序号	名称	图例	材质	位置	规格（mm)
室内公共区域	21	单位名牌		铝合金	大门右侧	银底黑字，长600mm，宽400mm，厚20mm
	22	玻璃门贴		不干胶纸	距离地面950mm	宽130mm
	23	大门企业文化宣传标语		亚克力板	大门正上方	视实际尺寸而定
	24	小心台阶		亚克力板	台阶正中间	高400mm，宽130mm
	25	楼道墙裙		黑色大理石、不锈钢、木板	楼道内	大理石踢脚线宽150mm；墙面装饰板宽400mm，高760mm；不锈钢条封宽50mm
	26	楼梯扶手		铝合金、不锈钢玻璃	每层楼梯外侧	1. 扶手高1050mm，不锈钢管直径60mm，钢化玻璃厚5mm、宽700mm。2. 侧面为40mm×40mm 的不锈钢柱连接

续表

类别	序号	名称	图例	材质	位置	规格
室内公共区域	27	墙面电源开关套		亚克力不干胶	墙面适当位置	宽103mm，高144mm
	28	空调开关套		亚克力不干胶	墙面适当位置	宽103mm，高144mm
	29	楼层号牌		亚克力	楼梯正前方	长400mm，宽200mm
	30	门号牌		铝合金	每扇门正上方距离房门顶部150mm	
	31	门名牌		铝合金	门右侧墙上，距门框40mm、门框顶部90mm	长320mm，宽160mm
	32	门牌号指示牌		铝合金	各楼层入口	长370mm，宽210mm

续表

类别	序号	名称	图例	材质	位置	规格
室内公共区域	33	紧急疏散图		铝合金	各楼层墙面	长600mm，宽400mm，厚25mm，黄底黑字
	34	安全出口LED灯牌		亚克力板	距离地面35cm处	长350mm，宽145mm，厚20mm
	35	安全出口指示牌		亚克力板	楼梯口墙裙的黑色大理石踢脚线上	长330mm，宽130mm
	36	安全通道		不干胶纸	各楼层楼道醒目位置	长400mm，宽21mm，距边缘留有5mm白边
	37	楼梯步行指示牌		亚克力板	每隔一层楼梯左右侧	直径60mm的圆形
	38	"小心碰头"警示牌		亚克力板	行人低矮处	长400mm，宽130mm

续表

类别	序号	名称	图例	材质	位置	规格
室内公共区域	39	"当心触电"警示牌		不干胶贴	总电源开关盖	上半部分为等边三角形图标，边长80mm；下半部分为黑框，长85mm，宽20mm
	40	企业文化宣传牌		亚克力板	楼道墙面适当位置，墙裙金属条以上350mm	分为大小两种规格，大板长1500mm，宽900mm，小板长800mm，宽600mm
	41	垃圾桶提示牌		亚克力板	粘贴于墙裙金属条上方15mm处	长200mm，宽150mm
	42	垃圾桶编号		不干胶纸	垃圾桶正面，图案上方	直径50mm
办公室明示化	43	办公物品定位图标		不干胶贴	办公桌适当位置	直径50mm
	44	抽屉物品明示卡		亚克力不干胶	抽屉左上角、正中央两处	左上角标签长75mm，宽25mm。正中央大标签根据实际情况制作

续表

类别	序号	名称	图例	材质	位置	规格
办公室明示化	45	抽屉内物品标志		黄色不干胶	物品旁适当位置	宽 12mm，长度依实际情况而定
	46	文档盒标签		纸质	文档盒外侧标签卡纸处	长 70mm，宽 33mm
	47	台账明示牌		亚克力板	文件柜外侧	长 80mm，宽 18mm
	48	笔记本明示贴		不干胶	笔记本明示贴贴于文件柜外侧，姓名贴于笔记本外侧	笔记本明示贴长 55mm，宽 17mm
	49	物品柜维持管理卡		亚克力板	在物品柜距柜门顶部 10mm，柜门右侧 40mm 处统一张贴	宽 100mm，长 120mm
	50	物品柜存放管理规定		亚克力板	柜门内侧右上方	宽 160mm，长 200mm

续表

类别	序号	名称	图例	材质	位置	规格
办公室明示化	51	饮水机维护责任卡		亚克力板	饮水机侧面	长 100mm，宽 80mm
	52	冷、热水贴		防水不干胶	饮水机冷热水开关正上方	直径 30mm
	53	饮水机定位贴		蓝色胶带	粘贴在放置饮水机位置下面的中央	宽 50mm
	54	空调红丝带		丝带	空调出风口正上方	丝带蝴蝶结长 20mm，带长 150mm
	55	电源线明示条		不干胶条	对应电源线张贴	长 45mm，宽 14mm
	56	盆栽定制		胶垫	花盆底座下	根据盆栽大小定制
	57	饮水机维护责任卡		亚克力板	盆栽醒目位置悬挂	根据盆栽大小定制

续表

类别	序号	名称	图例	材质	位置	规格
办公室明示化	58	设备明示卡		亚克力板	在会议设备上粘贴设备明示卡	宽 190mm，长 245mm
	59	卫生间宣传牌		亚克力板	洗手台镜面正上方居中粘贴	上宽 300mm，下宽 150mm，侧长 120mm，距边缘 10mm 白边
	60	卫生间冷热水贴		亚克力板	水龙头正上方镜面张贴	宽 210mm，长 130mm
	61	卫生清扫责任卡		亚克力板	卫生间、洗漱间、会议室等适当位置	长 345mm，宽 300mm
	62	节约用水指示牌		亚克力板	水龙头上方适当位置	长 200mm，宽 100mm
	63	文化宣传抽查盒		亚克力板	抽插盒距小便池上端 200mm	盒长 400mm，宽 300mm，中空厚 5mm

类别	序号	名称	图例	材质	位置	规格
办公室明示化	64	卫生间标志牌		亚克力板	贴于门上，距上门框190mm处	长200mm，宽120mm
	65	节约用纸		亚克力板	卫生纸盒正上方10mm处张贴	长200mm，宽100mm
	66	洗漱间冷热水贴		亚克力板	洗漱间水龙头正上方	直径60mm的圆
	67	卫生管理标准抽插盒		亚克力板	洗漱间拖布池、毛巾架等适当位置	宽185mm，高130mm
	68	洗衣机操作标准		亚克力板	洗衣机上方	长300mm，宽215mm
	69	垃圾桶限高条		不干胶条	距垃圾箱底部400mm处粘贴红色限高条	限高条高300mm

第 2 章　室外公共区域安全明示化管理标准

2.1　室外建筑颜色、线条明示化管理

2.1.1　室外建筑颜色明示化管理

目的	统一规范，标准美观，树立良好的企业形象。
对象	室外建筑物。
标准	

项目	颜色名称	标准样式
墙裙	灰色	
墙面	神朔红	
屋檐	白色	
屋顶	蓝色	
窗框	白色	
围墙	神朔红	
栅栏	黑色	

2.1.2　室外建筑线条明示化管理

目的	统一规范，标准美观，树立良好的企业形象。
对象	室外建筑物。
标准	

适用项目	基准规格	标准样式
马路分隔停车位	黄色线条，条宽120 mm	
站台安全警戒线	白条宽120 mm	
栏杆警戒线	黄黑相间，各宽400 mm	
电杆警戒线	红白相间，各宽200 mm	
路灯警戒线	红白相间，各宽150 mm	
高压电区警戒线	黄黑相间，斜线45°，各宽150 mm	
灭火器材警戒线	红色线条，条宽50 mm	

2.2　墙体明示化管理

目的	统一规范，标准美观，树立良好的企业形象。
对象	墙体。
标准	1. 墙面墙裙为灰色涂料，高 1250mm； 2. 墙裙与墙面间隔 100mm 宽白色涂料线条； 3. 房屋屋檐等突出部分涂白色涂料； 4. 墙面主体部分涂神朔红颜色涂料； 5. 墙面窗户边框涂 100mm 宽白色涂料线条。
实例	

2.3　围墙栅栏明示化管理

目的	统一规范，标准美观，确保安全。
对象	围墙栅栏。
标准	1. 围墙栅栏总高 1850mm，下面为水泥基础台，上面为黑色铁质栅栏； 2. 水泥基础台高 300mm，宽 300mm； 3. 黑色铁质栅栏每块宽 2500mm，相互之间焊接形成围墙； 4. 每隔 5 块栅栏，铁栅栏正中间会悬挂"禁止翻越"警示牌； 5. "禁止翻越"警示牌为铝合金制，高 550mm，宽 380mm，厚 20mm。
实例	

2.4　铁塔栅栏明示化管理

目的	统一规范，标准美观，隔离人群，防止安全事故发生。
对象	站场铁塔、高压电区域。
标准	1. 铁塔栅栏为白色 PVC 绝缘材质，栅栏总高 1500mm； 2. 在每根栅栏条的正面，居中粘贴红色反光警示条； 3. 红色反光警示条长 500mm，宽 25mm。
实例	

2.5 空调外机栅栏明示化管理

目的	统一规范，标准美观，隔离人群，防止安全事故发生。
对象	空调外机。
标准	1. 一楼空调外机需制作栅栏加以防护； 2. 空调外机栅栏为不锈钢材质，总高 1200mm，大小根据实际情况而定，并制作盖顶； 3. 空调外机栅栏需要悬挂"请勿倚靠""禁止堆放""排风扇请勿靠近"警示牌，警示牌为铝合金牌，高 550mm，宽 380mm，厚 20mm。
实例	

2.6 路灯明示化管理

目的	统一规范，标准美观，标明警示，防止安全事故发生。
对象	路灯。
标准	1. 路灯地面基础为 400mm 见方的水泥台，水泥台高 50mm，刷白色油漆； 2. 路灯杆从地面起至 1200mm 高的部分刷白色油漆，每隔 150mm，粘贴宽 150mm 的红色反光条，形成红白相间的效果； 3. 路灯杆侧面的椭圆形铁皮刷灰色油漆，粘贴路灯标号贴； 4. 路灯标号贴为直径 60mm 的圆形不干胶贴，白底红字，红色圆边框。
实例	

2.7 电线杆明示化管理

目的	统一规范，标准美观，标明警示，防止安全事故。
对象	电线杆。
标准	电线杆从地面起至 1200mm 高的部分刷白色油漆，每隔 200mm 粘贴宽 200mm 的红色反光条，形成红白相间的效果。
实例	

2.8　地面栏杆明示化管理

目的	统一规范，标明警示，人车分离，防止安全事故。
对象	地面栏杆。
标准	1. 站场需要人车区域划分，使用地面栏杆隔离； 2. 地面栏杆用直径 60mm 的钢管弯曲制成，栏杆高 250mm，每个栏杆长 1700mm，两个栏杆间隔 250mm； 3. 栏杆使用黄黑油漆间隔涂刷，每段长 400m。
实例	

2.9 花园明示化管理

目的	统一规范，标准美观，树立良好的企业形象。
对象	花园。
标准	1. 站场内花园使用灰色花岗岩围砌而成； 2. 花岗岩距离地面 120mm 高，宽 120mm。
实例	

2.10　垃圾桶明示化管理

目的	统一规范，标准定位，保持室外环境干净卫生。
对象	垃圾桶。
标准	1. 站场垃圾桶需靠墙裙，同时粘贴定位条； 2. 垃圾桶定位条用红色油漆油饰，宽 50mm，距离垃圾桶底部 20mm； 3. 垃圾桶靠墙裙正上方 150mm 处粘贴垃圾桶牌，垃圾桶牌为铝合金牌，长 400mm，宽 180mm，厚 20mm，上半部分蓝底白字，下半部分为银底神朔标志。
实例	

2.11 娱乐场所明示化管理

目的	统一规范，标准定位，丰富职工业余生活。
对象	娱乐场所。
标准	1. 娱乐场占地大约为 $30m^2$； 2. 运动设施摆放整齐有序，保持干净整洁； 3. 娱乐场所东侧竖立明示牌，一面写"将运动融入个人生活"的运动理念,另一面明示出"健身注意事项"； 4. 明示牌为不锈钢钢架结构，长 3800mm，宽 1490mm。
实例	

2.12 卫生责任区明示化管理

目的	统一规范，明确责任，创建良好的生产生活环境。
对象	卫生责任区。
标准	1. 在室外选择醒目、合适地点明示站区责任卫生区域图； 2. 选择不同颜色区分各班组卫生区域，要做到不留死角； 3. 卫生责任区域明示牌为不锈钢结构，长1400mm，宽800mm。
实例	

2.13 道路划线、车位明示化管理

目的	统一规范，标准管理，创建良好的生产生活环境。
对象	道路划线。
标准	1. 在站区主干道划车辆行驶指导路线，划线颜色为白色,道路两侧为实线，路中为虚线； 2. 每隔 50m，划车辆上、下行箭头，指示行驶方向，箭头长 1800mm，三角形高 1200mm，底边 450mm； 3. 白色路线宽 150mm,每条虚线长 1200mm； 4. 车位线长 5080mm，线宽 150mm，入口处短线长 770mm。
实例	

第3章 室内公共区域安全明示化管理标准

3.1 大门明示化管理

目的	规范管理，营造良好企业文化氛围。
对象	大门。
标准	1. 大门正上方立白底红色神朔标志亚克力板，尺寸依据实际情况而定； 2. 大门屋檐刷白色涂料，粘贴红色楷体宣传语，尺寸依据实际情况而定； 3. 玻璃门贴红底神朔标志图案线条不干胶，线宽130mm，距离地面950mm； 4. 大门右侧挂铝合金单位名称牌，银底黑字，长600mm，宽400mm，厚20mm； 5. 楼梯正面粘贴红底白字"小心台阶"亚克力警示牌，牌长400mm，宽130mm。
实例	

大门宣传标语

厚 德　務 實　和 諧

神朔标志牌

单位名牌

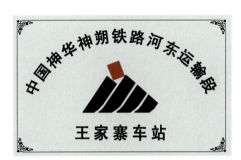

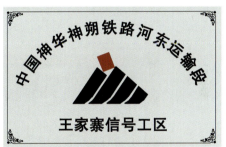

玻璃门贴

"小心台阶"警示牌

3.2　楼道墙裙明示化管理

目的	规范管理，消除安全隐患，节约能源。
对象	楼道墙裙。
标准	1. 楼道墙裙地面铺黑色条状大理石，条宽 250mm ； 2. 楼道墙裙墙面从下到上依次为黑色大理石踢脚线和墙面装饰板； 3. 黑色大理石踢脚线为条状，条宽 150mm； 4. 墙面装饰板为灰色，板宽 400mm，板高 760mm； 5. 墙面装饰板上、下分别用 50mm 和 30mm 宽的不锈钢条封边，装饰板左、右用 5mm 宽的黑色胶条连接。
实例	

3.3　楼梯扶手明示化管理

目的	规范管理，消除安全隐患，节约能源。
对象	楼梯扶手。
标准	1. 楼梯扶手由不锈钢和钢化玻璃组成，扶手总高 1050mm； 2. 楼梯扶手顶部为直径 60mm 的不锈钢管，侧面为 40mm×40mm 的不锈钢柱连接； 3. 楼梯扶手侧面钢化玻璃为平行四边形，厚 5mm，宽 700mm，长度根据实际情况确定。
实例	

3.4 墙面电源开关明示化管理

3.4.1 墙面照明开关明示化管理

目的	规范管理，消除安全隐患，节约用电。
对象	电灯开关。
标准	1. 墙面电灯开关粘贴的亚克力开关套，开关套上面为蓝底白字印有"节约用电随手关灯"字样，下面为白底印有神朔铁路标志； 2. 电源开关套为宽103mm、高144mm的亚克力板不干胶套； 3. 开关标明"开""关"方向和每个开关键控制的具体灯的位置，如"左""中""右"。
实例	

3.7 安全警示牌明示化管理

3.7.1 "小心台阶"安全警示牌明示化管理

目的	提醒前方楼梯，小心步行，预防摔倒等事故。
对象	楼梯。
标准	1. 在各层楼梯口粘贴"小心台阶"安全警示牌，位于黑色大理石踢脚线上； 2. 在楼梯正面间隔粘贴"小心台阶"安全警示牌，提醒行人； 3. "小心台阶"安全警示牌为长400mm、宽130mm的长方形亚克力牌，黄底黑字，印有"小心台阶"字样。
实例	

3.7.2 "小心碰头"安全警示牌明示化管理

目的	提醒前方障碍物,小心碰头。
对象	楼梯等。
标准	1. 行人通道的低矮处粘贴"小心碰头"安全警示牌,位于阻挡处的正上方; 2. "小心碰头"安全警示牌为长400mm、宽130mm的长方形亚克力牌,红底白字,印有"小心碰头"字样。
实例	

3.7.3 "当心触电"安全警示牌明示化管理

目的	提醒此处有电,预防触电事故。
对象	总电源开关。
标准	1. 总电源开关盒盖上应粘贴"当心触电"安全警示牌,提醒正确操作,防止触电; 2. "当心触电"安全警示牌为不干胶贴,黄底黑字,上半部分为等边三角形图标,边长80mm;下半部分为黑框"当心触电"字样,长85mm,宽20mm; 3. "当心触电"安全警示牌应贴在总电源开关盒盖的正中间。
实例	

3.8 企业文化宣传板明示化管理

目的	宣扬企业文化，营造良好氛围。
对象	企业文化宣传板。
标准	1. 根据楼道内墙面空间的实际情况合理悬挂大小不等的企业文化宣传板，宣传板底部距离墙裙金属条 350mm； 2. 企业文化宣传板为亚克力板，分为大小两种规格，大板长 1500mm、宽 900mm，小板长 800mm、宽 600mm； 3. 企业文化宣传板面应保持干净整洁。
实例	 

3.9　垃圾桶明示化管理

目的	标明垃圾桶位置，保持公共卫生干净整洁。
对象	垃圾桶。
标准	1. 公共区域垃圾桶摆放位置的正上方粘贴垃圾桶牌； 2. 垃圾桶牌为亚克力板，长 200mm，宽 150mm，上半部分为白底黄图案，下半部分为蓝底白字，印有"为了您的健康，请保持清洁"字样； 3. 垃圾桶牌粘贴于墙裙金属条上方 150m 处； 4. 在垃圾桶正面图案上方贴直径 50mm 镂空序号贴。
实例	

第4章　办公室安全明示化管理标准

4.1　办公桌明示化管理

4.1.1　桌面物品明示化管理

目的	实现办公桌面物品整齐划一，各有其位。
对象	办公桌面上的所有物品。
标准	1. 办公桌面物品种类尽量统一，桌面物品的摆放位置定位； 2. 标志粘贴在放置物品位置下面的中央； 3. 标志为直径 50mm 的圆形防水不干胶。
实例	 

隐形定位参考图标

制作说明：

1. 隐形标贴为直径 50mm 的圆形防水不干胶；

2. 广告公司制作：

（1）统计好数量后，图片发给广告公司制作；

（2）广告公司制作样品确认后，批量制作；

3. 领取标贴后，撕开后背胶张贴。

4.1.2　抽屉物品明示化管理

目的	实现办公桌抽屉物品整齐划一，各有其位。
对象	办公桌抽屉摆放的所有物品。
标准	1. 每个抽屉左上角用亚克力材质标签明示物品类别，标签长 750mm、宽 250mm； 2. 抽屉内部用蓝色卡纸、塑料胶垫铺设，大小根据实际情况确定； 3. 物品标志宽 12mm，长度依实际情况而定，根据物品摆放位置整齐贴于塑料胶垫上。
实例	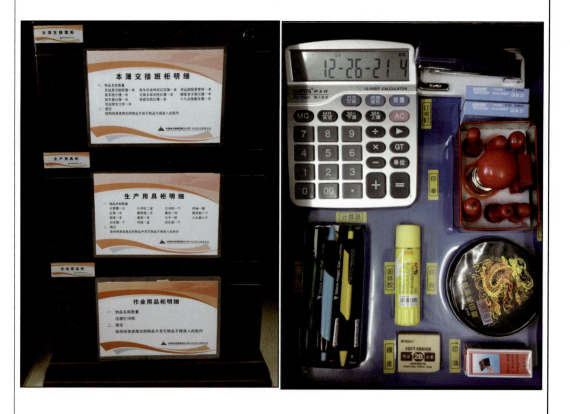

4.2　文件柜明示化管理

4.2.1　文件柜文档盒明示化管理

目的	实现文档盒摆放整齐划一，规范管理，便于取放。
对象	办公室文档。
标准	1. 每个文档盒侧面插入长 70mm、宽 33mm 的标签，明示盒内文档内容； 2. 根据实际情况，在每个标签外侧印制特色图形，形成整体图案，实现文档盒定位管理，便于取放； 3. 标签红色飘带下面用小黑体字注明文档盒内明细内容。
实例	

4.2.2 文件柜本簿台账明示化管理

目的	实现本簿台账摆放整齐划一，规范管理，便于取放。
对象	本簿台账。
标准	1. 本簿台账柜要做到台账定位摆放，整齐规范； 2. 在文件柜外侧根据实际情况张贴台账类别标志，标志卡长 80mm，宽 18mm，右下角有神朔铁路标志，底部有神朔铁路红色飘带。
实例	

4.2.3　文件柜学习笔记本明示化管理

目的	实现学习笔记本摆放整齐划一，规范管理。
对象	学习笔记本。
标准	1. 每层文件柜侧面用黄色标签明示笔记本类别，学习笔记本整齐摆放于文件柜内； 2. 每本笔记本侧面张贴黄色标签，用黑色字体明示出职工姓名； 3. 黄色标签标准统一，长55mm，宽17mm。
实例	

4.2.4 文件柜书籍明示化管理

目的	实现书籍摆放整齐划一，目录清晰，借阅明晰，规范管理。
对象	书籍。
标准	1. 将书本按大小及内容整齐放于每层书柜之内； 2. 在书柜右侧抽插盒内插入书籍目录及书籍借阅登记本。
实例	

4.3 物品柜明示化管理

4.3.1 物品柜明示化管理

目的	实现物品柜内物品定位管理，标准统一，整齐规范。
对象	物品柜。
标准	1. 在物品柜距柜门顶部 10mm、柜门右侧 40mm 处统一张贴"物品柜维持管理卡"。 2. "维持管理卡"为亚克力材质，宽 100mm、长 120mm； 3. 柜门内侧右上方张贴"物品柜使用规定"标志，宽 160mm、长 200mm； 4. 物品下方定制定位标签贴，实现物品定位管理。
实例	

4.3.2 物品柜钥匙明示化管理

目的	实现物品柜钥匙定位管理，标准统一，整齐规范。
对象	物品柜钥匙。
标准	1. 物品柜钥匙要统一管理，分门别类，整齐摆放； 2. 可根据实际情况，充分发挥职工想象力和创造力，制作钥匙挂件； 3. 可在钥匙扣或者钥匙上用黄色标签纸粘贴标签，明示用途。
实例	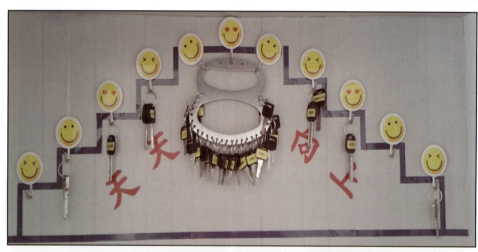 

4.4　办公室饮水机明示化管理

目的	对饮水机开关进行标示与定位，防止按错开关烫伤。
对象	饮水机。
标准	1. 在饮水机按键的上方用直径 30mm 的圆形不干胶贴对冷、热水进行标示，热水标贴为红底白字，冷水为蓝底白字； 2. 框线定位：框线为宽 50mm 的蓝色胶带。饮水机位置标志粘贴在放置饮水机的位置的中央； 3. 饮水机侧面粘贴"饮水机维护责任卡"，责任卡长 100mm，宽 80mm。
实例	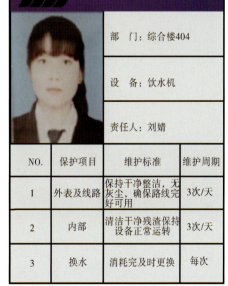

冷、热水标贴参考图标

制作说明：

1. 冷、热水标贴为直径 30mm 的圆形防水不干胶；

2. 广告公司制作：

（1）统计好数量后，图片发给广告公司制作；

（2）广告公司制作样品确认后，批量制作；

3. 领取标贴后，撕开后背胶张贴。

4.5　办公室空调明示化管理

目的	对空调进行定位放置，粘贴红丝带，实现规范管理，节能环保。
对象	空调。
标准	1. 空调出风口上面粘贴红色蝴蝶结丝带； 2. 丝带蝴蝶结长 20mm,带长 150mm；空调开启时蝴蝶结随风飘动，有效提醒工作人员空调是否关闭，做到节能环保； 3. 空调右侧粘贴"空调维护责任卡"，责任卡长 100mm、宽 80mm； 4. 空调左侧粘贴空调遥控板盒，实现遥控板定位管理。
实例	  

第5章　会议室、活动室安全明示化管理标准

5.1　会议室明示化管理

5.1.1　会议室明示化管理

目的	规范管理，营造良好的企业文化氛围。
对象	会议室。
标准	1. 会议桌正前方墙面用蓝色绒布粘贴，根据实际情况在墙面上方适当位置悬挂神华标志，神华标志下方写单位名称； 2. 根据实际情况在会议桌中间位置摆放绿色盆栽； 3. 会议室灯开关上方粘贴"会议室明示化管理清扫责任表"； 4. 桌椅板凳要整齐摆放，保持会议室干净整洁。
实例	

5.1.2　企业文化标语明示化管理

目的	规范管理，营造良好的企业文化氛围。
对象	墙面标语、标志。
标准	1. 在会议室墙面空白处悬挂安全生产等相关标语，标语内容及尺寸根据会议室实际情况而定； 2. 在会议室适当位置悬挂神朔铁路企业文化标志； 3. 安全标语及企业文化标志均采用亚克力板制作。
实例	

5.1.3 设备明示化管理

目的	明示设备名称、操作流程、管控措施等，避免人员误操作，确保设备安全。
对象	会议设备。
标准	1. 在会议设备上粘贴设备明示卡，明示卡宽 190mm，长 245mm，亚克力材质； 2. 明示卡标示设备名称、规格型号、承包人、管控措施，操作流程，避免人员误操作，确保人身和设备安全； 3. 其他设备配件均使用黄色标签，黑色字体明示配件名称。
实例	

5.1.4 电源线明示管理

目的	明示每根电源线的走向和应用设备，避免人员误操作造成的设备隐患。
对象	电源线。
标准	1. 每根电源线都粘贴明示条； 2. 明示条长 45mm，宽 14mm，黄底黑字； 3. 明示电源应用方向、所属设备。
实例	

5.2 活动室明示化管理

5.2.1 读书角明示管理

目的	规范管理，营造浓厚的学习氛围。
对象	读书角屏风。
标准	1. 读书角屏风长 3000mm，高 2000mm，屏风外侧图片为河东运输段大楼及"三个神朔、三有新人"，内侧为名人语录； 2. 屏风外侧左上角为神朔铁路标志，两侧正中央悬挂神朔铁路企业文化标志。
实例	 

5.2.2　读书角内部明示管理

目的	规范管理，营造浓厚的学习氛围。
对象	读书角内部。
标准	1. 读书桌中间用玻璃隔断，玻璃高 300mm，长 1000mm，玻璃正中间印有企业文化标志，下方贴神朔铁路飘带； 2. 企业文化标志距玻璃上方 43mm，距玻璃下方 115mm； 3. 在两桌之间定制摆放企业文化标小旗，旗长 220mm，宽 140mm，用不锈钢支架架起，一面为红色，一面为蓝色； 4. 玻璃前方及书柜上盆栽都进行定位摆放。
实例	

5.3 健身器材明示化管理

目的	规范管理，统一定位，丰富职工业余生活。
对象	健身器材。
标准	1. 在活动室适当位置依次有序摆放健身器材； 2. 健身器材要时刻保持干净整洁； 3. 在健身器材醒目位置悬挂使用指导书，确保职工安全操作。
实例	

电动跑步机使用指导书

步骤	操作图片	操作说明	步骤	操作图片	操作说明
电动跑步机使用指导书			编号： 第1页　共2页		
步骤	操作图片	操作说明	步骤	操作图片	操作说明
1		将电源开关插置可靠的回路上，避免与其他电器共用	2		使用前检查跑步机是否放置平稳
步骤	操作图片	操作说明	步骤	操作图片	操作说明
3		运动前检查跑步机的功能是否正常	4		开机时，跑步者需站立在跑步机两边的防滑条上
步骤	操作图片	操作说明	步骤	操作图片	操作说明
5		按电子表的开始键，使跑步机处于运动状态	6		跑步前，使用者须用左脚跟随跑步带跑的方向走动，做试跑前准备

文件制定：		文件版本：	
文件审核：		文件批准部门：	
文件批准：		文件实施日期：	

竞赛车使用指导书

竞赛车使用指导书			编号：		
			第1页 共1页		
步骤	操作图片	操作说明	步骤	操作图片	操作说明
1	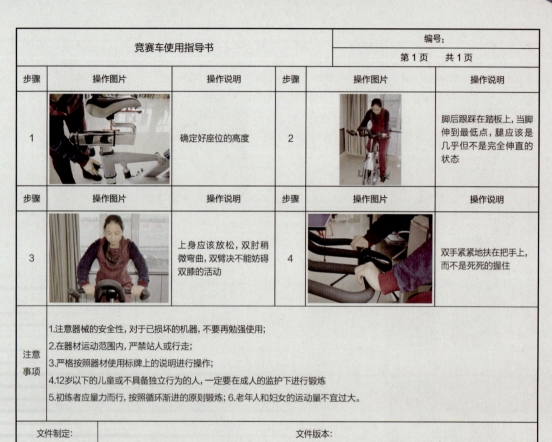	确定好座位的高度	2		脚后跟踩在踏板上，当脚伸到最低点，腿应该是几乎但不是完全伸直的状态
步骤	操作图片	操作说明	步骤	操作图片	操作说明
3		上身应该放松，双肘稍微弯曲，双臂决不能妨碍双膝的活动	4		双手紧紧地扶在把手上，而不是死死的握住
注意事项	1.注意器械的安全性，对于已损坏的机器，不要再勉强使用； 2.在器材运动范围内，严禁站人或行走； 3.严格按照器材使用标牌上的说明进行操作； 4.12岁以下的儿童或不具备独立行为的人，一定要在成人的监护下进行锻炼 5.初练者应量力而行，按照循环渐进的原则锻炼；6.老年人和妇女的运动量不宜过大。				

文件制定：		文件版本：	
文件审核：		文件批准部门：	
文件批准：		文件实施日期：	

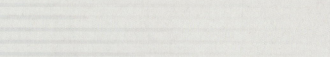

中国神华神朔铁路分公司 | 河东段
SHENSHUO RAILWAY BRANCH COMPANY OF SHENHUA CHINA | HE DONG DUAN

三人站综合训练器使用指导书

步骤	操作图片	操作说明	步骤	操作图片	操作说明
三人站综合训练器使用指导书			编号：第1页　共1页		
步骤	操作图片	操作说明	步骤	操作图片	操作说明
1		双手握住吊杠，然后屈肘用力向下拉至胸前，再缓慢向上伸直双臂	2		双手握住身体两侧的活动横杆，然后双臂尽力向上推，直到双臂伸直为止，最后屈肘向下收回，恢复原味
步骤	操作图片	操作说明	步骤	操作图片	操作说明
3		双手从外向内反握手横杠两端，两手握住活动臂的把手然后做开合运动	4		站在叉杠下，跳跃，两手抓住横把，两臂伸直，身体自然悬垂，屈肘做引体向上，至大小臂成直角
步骤	操作图片	操作说明	步骤	操作图片	操作说明
5		站在叉杠下面，跳跃，两手抓住横把，两臂伸直，身体自然悬垂，双腿并拢，做直腿团体动作	6		两只脚放在横把下面，脚尖翘起勾住横把，上体慢慢做起

注意事项	1.本产品应置在地面平整、宽敞明亮的地方，不要在水边或门边使用此机器，让儿童和宠物远离此机器； 2.锻炼时不要穿长袍或其它容易被机器卡住的衣服，运动中不要用手碰任何移动的部件； 3.有病理的人必须经医生同意并在旁指导方可使用此机器； 4.如果在训练时感到头晕、目眩、疼痛或其它不舒服的感觉应立即停止训练，做一下身体检查。

文件制定：	文件版本：
文件审核：	文件批准部门：
文件批准：	文件实施日期：

5.4 台球桌明示化管理

目的	规范管理，统一定位，丰富职工业余生活。
对象	台球桌。
标准	1. 在活动室适当位置依次摆放台球桌，做到横平竖直； 2. 台球要用三角框定置摆放，白球与三角尖呈一条直线； 3. 球杆架要定位摆放于台球桌附近适当位置。
实例	

台球桌摆放参考图片

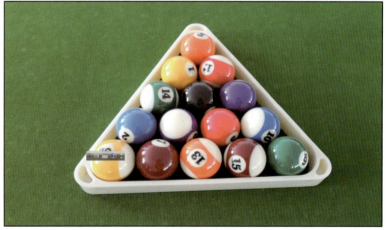

5.5 花卉明示化管理

目的	制定标准，统一管理，美化环境。
对象	花卉。
标准	1. 在会议室、活动室选择适当地点摆放绿色盆栽； 2. 每盆盆栽内都要放置"植物花语"，便于管理； 3. 花盆架下方根据花盆大小定制胶垫，摆放花盆。
实例	  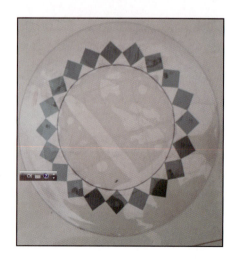

第6章 宿舍安全明示化管理标准

6.1 宿舍摆放标准明示化管理

目的	有序摆放，干净整洁，创造良好的环境卫生。
对象	宿舍。
标准	1. 宿舍摆放要整齐有序，干净温馨； 2. 宿舍摆放标准参照下图； 3. 时刻保持宿舍整洁干净。
实例	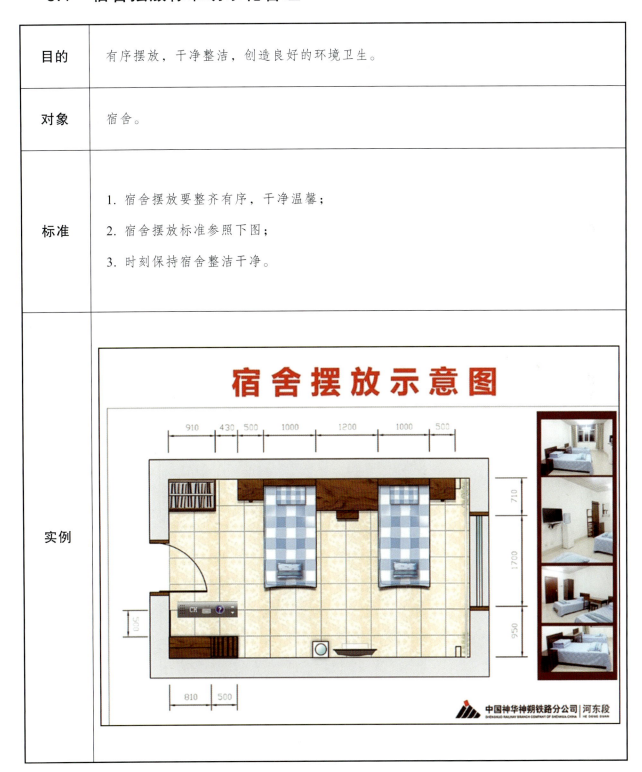

6.2 衣柜摆放标准明示化管理

目的	有序摆放，干净整洁，创造良好的环境卫生。
对象	衣柜。
标准	1. 衣柜摆放于宿舍进门左手边，紧靠墙角摆放； 2. 两门衣柜，一人一个，衣物要整齐挂于衣柜内； 3. 衣柜内其他物品要整齐摆放，时刻保持整洁干净。
实例	

6.3　鞋柜摆放标准明示化管理

目的	有序摆放，干净整洁，创造良好的环境卫生。
对象	鞋柜。
标准	1. 鞋柜摆放于进门右手边，毛巾架旁； 2. 鞋柜上方衣物架挂衣服要干净整洁，不得随处乱放； 3. 鞋柜内要随时保持干净，鞋摆放要整齐有序。
实例	 

6.4 毛巾架摆放标准明示化管理

目的	有序摆放，干净整洁，创造良好的环境卫生。
对象	脸盆架。
标准	1. 脸盆架摆于鞋柜旁边，紧挨鞋柜； 2. 毛巾要整齐悬挂于毛巾架上，一人一块； 3. 毛巾架下方架上整齐摆放洗发水、洗面奶等个人用品； 4. 盆架上两层摆放脸盆，下两层摆放泡脚盆； 5. 盆内如有个人物品，也要摆放整齐有序。
实例	  

6.5　床位摆放标准明示化管理

目的	有序摆放，干净整洁，创造良好的环境卫生。
对象	床位。
标准	1. 床头柜、床、书桌有序摆放于衣柜右侧，如下图次序摆放； 2. 被子叠豆腐块状摆放于床头，枕头整齐摆放于床尾； 3. 要时刻保持被褥的干净整洁。
实例	

6.6 个人物品摆放标准明示化管理

目的	有序摆放，干净整洁，创造良好的环境卫生。
对象	个人物品。
标准	1. 床头柜内、书桌内个人物品都要整齐摆放，参照下图； 2. 书桌、凳子按要求摆放，凳子不使用时要及时归位； 3. 要时刻保持抽屉及床头柜内整洁干净。
实例	   

6.7　电器摆放标准明示化管理

目的	有序摆放，干净整洁，创造良好的环境卫生。
对象	电器。
标准	1. 电视机、饮水机依次有序摆放于写字桌对面，饮水机定位放置； 2. 机顶盒、遥控板有序摆放于电视下方架之上； 3. 插座线、闭路线、网线等都要卡入线槽，整齐放置于墙面。
实例	 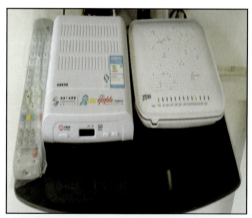 

第7章　卫生间、洗漱间安全明示化管理标准

7.1　卫生间门帘明示化管理

目的	统一规划，标示清晰，整洁美观，规范管理。
对象	卫生间门。
标准	1. 卫生间门统一悬挂印有男、女标志的白布门帘； 2. 门帘大小依据实际情况而定，图案为红色； 3. 门帘保持清洁干净，定期清洗； 4. 卫生间左侧悬挂铭牌，铭牌为铝合金长方形板，长 32cm，宽 16cm，蓝底白字，印有神朔铁路标志。
实例	

7.2 卫生间洗手台明示化管理

目的	统一规范，整洁美观，标示清晰，方便使用。
对象	卫生间洗手台。
标准	1. 洗手台镜面正上方居中粘贴宣传板，宣传板为亚克力扇形板，上宽 300mm，下宽 150mm，侧长 120mm，距边缘 10mm 白边，扇形图案为底印白字"干净卫生 共同维护"。 2. 洗手台镜面底部、洗脸池上方水龙头后面，粘贴冷热水提示牌，提示牌为亚克力椭圆形牌，宽 210mm、长 130mm，白色底，左侧印有红标红箭头，代表热水，右侧印有蓝标蓝箭头，代表冷水，中间黑色字体写"请节约用水"，红色字体写"小心烫伤"，提示牌上部印有神朔标志。 3. 两个冷、热水提示牌中间粘贴"绿色洗手法"。 4. 卫生间悬挂"卫生间明示化管理清扫责任表"，长 345mm，宽 300mm。
实例	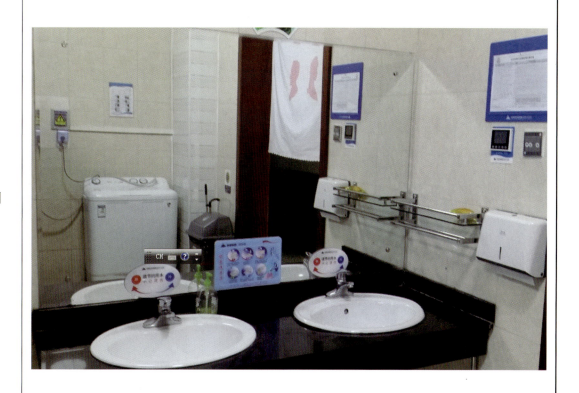

洗手台宣传板参考图片

7.3　水龙头明示化管理

目的	统一规范，提示节约用水，防止长流水龙头。
对象	卫生间水龙头。
标准	1. 卫生间墙面有单独水龙头或拖布池水龙头时，依据实际情况粘贴"节约用水"提示牌。 2. "节约用水"提示牌为长方形亚克力板，长200mm，宽100mm，上半部分为白底，印有神朔铁路标志，下半部分为蓝底白字，印有"请节约用水"字样和水龙头图标。
实例	

7.4 小便池明示化管理

目的	统一规范，整洁美观。
对象	卫生间小便池。
标准	1. 卫生间小便池上方粘贴亚克力透明抽插盒，盒内放置文化宣传单页； 2. 抽插盒距小便池上端 200mm，盒长 400mm，宽 300mm，中空厚 5mm； 3. 盒内宣传单页可定期更换； 4. 保持卫生间清洁无异味。
实例	

7.5 厕所明示化管理

7.5.1 厕所门明示化

目的	统一规范，标示清晰，整洁美观。
对象	厕所门。
标准	1. 卫生间为男、女卫生间时，厕所门外上方，距离上门框190mm处粘贴男、女标志牌； 2. 卫生间为单独的男卫生间或女卫生间时，厕所门外上方距离上门框190mm处粘贴序号牌； 3. 男女标志牌、序号牌为椭圆形金属面亚克力板，长200mm，宽120mm，中间印有蓝色男士图标，红色女士图标，序号牌印黑色数字。
实例	

7.5.2　厕所门明示化

目的	统一规范，标示清晰，整洁美观。
对象	厕所门。
标准	厕所门内上方，距离下门框 750,m 处粘贴透明亚克力抽插盒，盒宽 400mm，高 300mm，中空厚 5mm，盒内放置文化宣传单页，文化宣传单页可定期更换。
实例	 

7.5.3 卫生纸盒明示化

目的	统一规范，标示清晰，提示节约用纸。
对象	卫生纸盒。
标准	1. 厕所内卫生纸盒正上方 10mm 处粘贴"节约用纸"提示牌； 2. "节约用纸"提示牌为长方形亚克力板，长 200mm，宽 100mm，上半部分为蓝底白字，印有"节约用纸"字样，下半部分为白底，印有神朔铁路标志。
实例	

7.5.4 便池明示化

目的	统一规范，标示清晰，提醒保持干净卫生。
对象	蹲位便池。
标准	1. 厕所内蹲位便池后墙面，距离地面1350mm处，居中粘贴宣传板； 2. 宣传板为扇形亚克力板，上宽300mm，下宽150mm，侧长120mm，距边缘10mm白边，扇形图案为底印白字"干净卫生 共同维护"。
实例	

7.6　洗漱间明示化管理

7.6.1　洗漱间洗漱池明示化

目的	统一规范，标示清晰，提醒保持干净卫生。
对象	洗漱池。
标准	洗漱池台镜面正上方居中粘贴宣传板，宣传板为扇形亚克力板，上宽300mm，下宽150mm，侧长120mm，距边缘10mm白边，扇形图案为底印白字"干净卫生　共同维护"。
实例	

7.6.2　洗漱间洗漱池水龙头明示化

目的	统一规范，标示清晰，方便使用，防止烫伤。
对象	洗漱池水龙头。
标准	1. 洗漱池内水龙头上方粘贴对应的冷、热水标牌； 2. 冷、热水标牌为圆形亚克力牌，直径 60mm，冷水牌为蓝底白字，热水牌为红底白字。
实例	

7.6.3　洗漱间清洁工具明示化

目的	统一规范，标示清晰，方便使用。
对象	洗漱池拖布架。
标准	1. 拖布架用不锈钢材质制成，长 1000mm，高 1550mm；下方水槽长 1000mm，高 350mm，宽 300mm； 2. 拖布架上用黄色标签、黑色字体标示出拖布用途，黄色标签高 13mm、宽 125mm； 3. 拖布架钢管正中下方 80mm 处，粘贴清洁工具管理标准抽插盒，盒长 185mm，宽 130mm。
实例	 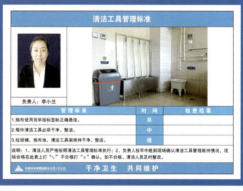 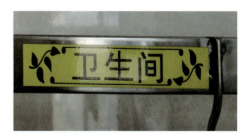

7.6.4 洗漱间毛巾架明示化

目的	统一规范，标示清晰，方便使用。
对象	洗漱池毛巾架。
标准	1. 洗漱池毛巾架用不锈钢材质制成； 2. 毛巾架上方 105mm 处，右距镜面 250mm，放置清洁工具管理标准抽插盒； 3. 清洁工具管理标准抽插盒长 185mm，宽 130mm。
实例	  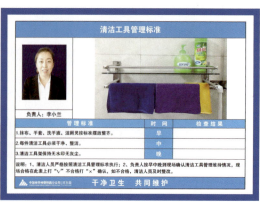

7.6.5　洗漱间洗衣机明示化

目的	统一规范，标示清晰，方便使用。
对象	洗衣机。
标准	1. 根据洗漱间实际情况，适当选择洗衣机摆放位置； 2. 洗衣机正上方粘贴洗衣机操作流程图； 3. 操作流程图采用亚克力材质制作，长 300mm，宽 215mm。
实例	

洗衣机作业指导书

1．设备／材料／工具

洗衣机、衣服、水、洗衣粉（液）等。

2．安全

2.1 作业员操作洗衣机时，应先检查电源线，在确保安全的情况下使用。洗衣过程中，严禁将手伸入滚筒内。洗衣完成后，要及时关闭电源。

3．流程图

检查电源线 ➡ 开盖放水 ➡ 放入需洗衣物 ➡ 调整洗衣时间

衣物放入脱水桶 ➡ 调整脱水时间 ➡ 操作按钮调整至排水 ➡ 关闭所有开关按钮及电源

4．方法

序号	内容	操作图片	操作说明	序号	内容	操作图片	操作说明
1	检查电源线		检查电器线路是否完好。	2	开盖放水		根据衣物多少适当选择水量，节约用水。
3	放入所洗衣物		放入衣物和水，盖好盖板再调整时间。	4	调整洗衣时间		根据实际情况调整洗衣次数；漂洗衣物同上操作。
5	衣物放入脱水桶		平整放入需脱水衣物。	6	调整脱水时间		确保脱水盖盖好，不能将手伸入脱水桶。
7	操作按钮调整至排水		水管及时插入下水管道。	8	关闭开关按钮及电源		使用完毕，务必进行检查，确保开关关闭，电源切断。

中国神华神朔铁路分公司 | 河东段

SHENSHUO RAILWAY BRANCH COMPANY OF SHENHUA CHINA | HE DONG DUAN

7.6.6　洗漱间垃圾桶明示化

目的	统一规范，标示清晰，便于管理，确保整洁干净。
对象	垃圾桶。
标准	1. 垃圾桶顶部 140mm 处粘贴"垃圾箱"提示牌； 2. "垃圾箱"提示牌长 200mm，宽 150mm； 3. 距垃圾箱底部 400mm 处粘贴红色限高条，限高条宽 30mm。
实例	

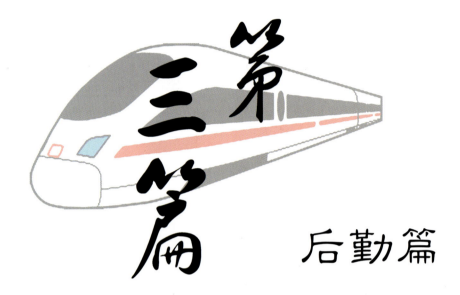

第三篇

后勤篇

为实现我段职工"以企为家、健康生活、快乐工作"的梦想，河东运输段一直将食堂建设作为后勤工作的重中之重。根据公司提出的"安全明示化"的管理标准，后勤专业从食堂的各项操作流程、食品安全、就餐环境三方面入手，在原有标准化的基础上进行提炼，不断完善标准、提升标准，实现了项项作业有标准、项项标准皆明示。不但创造了安全的工作环境，保证了后勤职工人身安全，更为站区职工提供了赏心悦目的就餐环境和味觉体验。

河东运输段后勤将继续总结王家寨明示化经验，不断摸索,不断向外延展，力争将安全明示化涵盖后勤系统的各个环节，推动河东段安全明示化建设整体进程。

第1章 后勤安全明示化管理标准图例

1.1 安全明示化管理标志

序号	名称	图例	材质	位置	规格	备注
1	餐具柜编号牌		亚克力板带背胶	餐具柜右上角/右上留边20 mm	长100mm×宽60mm	蓝底白字LOGO放在顶部，白底墨字
2	设备标志牌		亚克力板带背胶	设备本体/设备区域正上方	长200mm×宽100mm	蓝底白字LOGO放在顶部，白底黑字
3	调味品图片卡		亚克力板带背胶	调味品箱正中	长100mm×宽80mm	蓝色：上边（PB04）下边（PB09）
4	餐桌编号		不干胶贴	餐桌侧面留边10mm	4mm×4mm正方形	蓝底白字体，字体黑体小二号
5	区域标志牌		亚克力板	区域悬挂/墙上张贴	长400mm×宽300mm	白底绿字，字体黑体一号
6	禁止吸烟牌		亚克力板带背胶	墙上距地面1500mm处	长360mm×宽260mm	白底黑字，字体黑体48号
7	闲人免进牌		亚克力板带背胶	门侧墙体上距地面1500mm处	长450mm×宽360mm	白底黑字，字体黑体48号

1.2　组织架构、岗位职责、制度类揭示牌

统一制作尺寸为 900 mm × 600 mm，材质为亚克力板。

1.3　作业流程、管理流程类揭示牌

图文并茂，制作尺寸为 900 mm × 600 mm，材质为亚克力板。

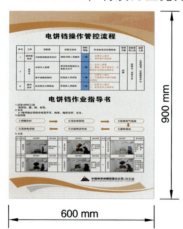

1.4　温馨提示牌

统一制作尺寸为 800mm × 600mm 喷绘。

1.5　设备维护责任卡标准揭示牌

多人制作尺寸为 210 mm×145 mm，单人制作尺寸为 93mm×132mm，材质为亚克力板带背胶。

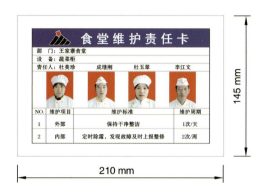

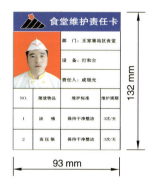

1.6　区域维持管理责任卡标准揭示牌

统一制作尺寸为 132 mm×93 mm，材质为亚克力板带背胶。

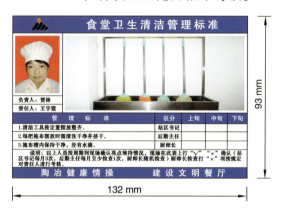

1.7　食堂四公开栏揭示牌

统一制作尺寸为 900mm×600mm，材质为亚克力板，四公开封面为红色 A4 大小，亚克力盒装。

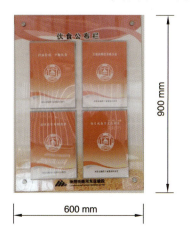

第2章 大餐厅和小餐厅安全明示化管理标准

2.1 大厅整体布局规划

2.2　大餐厅明示化管理

2.2.1　餐具柜标志明示化管理

目的	为实现餐具柜物品整齐划一，各有其位，干净整洁。
对象	餐具柜里面的所有物品及标志。
标准	1. 每个餐具柜只允许存放一套使用者本人的餐具，柜底垫胶垫（包括碗、快餐杯、筷子）； 2. 落实编号和维持管理责任，餐具柜内卫生自行打扫，记入职工考核； 3. 餐具使用完毕，清洗干净后，放入餐具柜，碗和快餐杯里不允许盛放剩余饭菜（包括咸菜、果酱等）。
实例	

餐具柜编号牌   维护责任卡

制作说明：

1. 编号牌：长 100mm，宽 60mm，蓝底白字，20 号字，LOGO 图标放在顶部，白底黑字，材质为亚克力板带背胶。

2. 维护责任卡：高 132mm，宽 93mm，材质为亚克力板带背胶。

3. 广告公司制作：

（1）统计好数量后，图片发给广告公司制作；

（2）广告公司制作样品确认后，批量制作。

4. 领取标贴后，撕开后背胶张贴。

2.2.2　洗碗池标志明示化管理

目的	培养职工的节约型饮食文化。
对象	墙壁，水龙头。
标准	1. 洗碗池内水槽及水龙头保持干净无水滴； 2. 让职工吃到放心的新鲜绿色蔬菜； 3. 职工洗碗保证四季都有热水； 4. 冷、热水标志对应冷、热水位置，防止职工烫手。
如图	  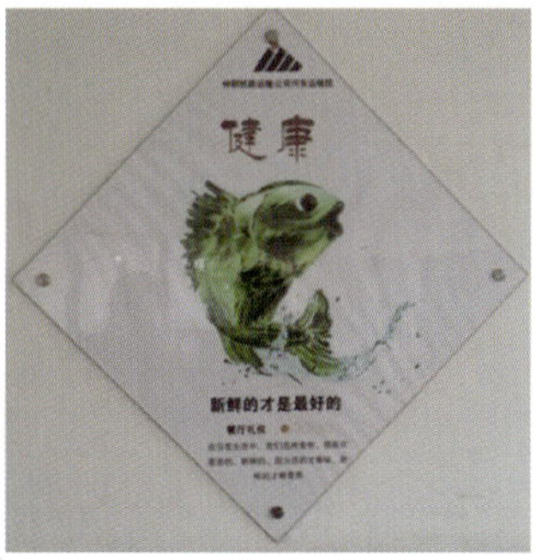 

设备标志牌	鲤鱼标志	冷热水标志

制作说明：

1. 设备标志牌：长 200mm，宽 100mm，蓝底白字，20 号字，LOGO 图标放在底部，白底黑字，材质为亚克力板带背胶。

2. 鲤鱼标志牌：边长 300mm 的正方形，白底绿色彩图黑字。

3. 冷热水标志：直径为 208mm、高为 108mm 的椭圆形不干胶防水亚克力板带背胶。

4. 广告公司制作：

（1）统计好数量后，图片发给广告公司制作。

（2）广告公司制作样品确认后，批量制作。

5. 领取标贴后，找到定点定位撕开后背胶张贴。

2.2.3　伙食公布栏明示化管理

目的	伙食要公开、公正、透明，让职工吃得放心满意。
对象	站区上灶职工。
标准	1. 每月伙食开支公布表：公布每月的伙食出入库情况，包含每月入库单和出库单； 2. 每周食谱：安排每天的饮食，保证营养搭配健康； 3. 控油控盐、平衡饮食：倡导健康饮食文化； 4. 食物营养成分表：介绍食物的主要营养成分； 5. 公布栏制作要求：高800mm，宽600mm，材质为亚克力装订板，厚10mm，底部神朔LOGO，顶部红色彩带。
图例	

2.2.4 餐厅"闲人免进"标志明示化管理

目的	提醒职工"厨房重地、闲人免进",培养文明型饮食文化。
对象	站区上灶职工。
标准	1. "闲人免进"牌高360mm,宽540mm,白底黑字,字体48号字,材质为亚克力板带背胶; 2. "闲人免进"牌贴于操作间门侧距地面1500mm处。
图例	

2.2.5　餐厅"禁止吸烟"标志明示化管理

目的	提醒职工餐厅内"禁止吸烟",培养文明型饮食文化。
对象	站区上灶职工。
标准	1. "禁止吸烟"牌高 360mm,宽 260mm,白底红字,字体 48 号,材质为亚克力板带背胶; 2. "禁止吸烟"牌张贴于安全出口门侧距地面 1500mm 处。
图例	 

2.2.6 餐桌标志明示化管理

目的	规范食堂管理，培养文明型饮食文化。
对象	站区上灶职工。
标准	1. 餐桌排列整齐，统一编号，便于管理； 2. 餐桌中央放置一个剩饭盘，方便职工把不喜欢吃的菜放里面，既干净卫生又简洁美观； 3. 温馨提示牌为长 800mm、宽 400mm 的写真喷绘； 4. 餐桌编号牌为 40mm×40mm 的正方形，蓝底白字，字体为小二号宋体。
图例	

2.2.7 打饭窗口明示化管理

目的	培养职工的文明饮食习惯。
对象	站区在职职工。
标准	1. 打饭窗口广告语：长 600mm、宽 200mm 的长方形写真喷绘； 2. 打饭窗口围栏：不锈钢金属围栏杆 12 个，带拉线； 3. 地面划线及标签，按照餐厅的布局合理设置； 4. 让职工看到后自觉排队，有秩序地打饭，避免哄抢、混乱、漫骂等情况的发生。
图例	

2.2.8　温馨提示的明示化管理

目的	温馨提示职工，养成节约粮食、文明就餐、自觉排队的饮食文化。
对象	站区在职职工。
标准	1. 温馨提示牌为高 800mm、宽 600mm 的长方形写真喷绘； 2. 温馨提示牌用不锈钢架制作，用 50mm 蓝色胶带定置； 3. 温馨提示牌分别放置于食堂门口、就餐窗口处。
图例	 

2.2.9　调料盒的明示化管理

目的	方便职工就餐调料。
对象	站区在职职工。
标准	1. 醋、酱油、盐、辣椒等调料放置于塑料方框内； 2. 塑料框放置于就餐窗口，用 50mm 蓝色胶带定置。
图例	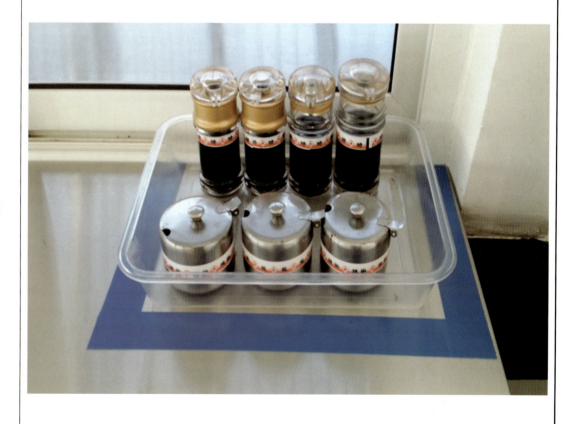

2.3 小餐厅明示化管理

2.3.1 消毒柜标志明示化管理

目的	确保碗、筷、碟子、杯子等的安全卫生。
对象	厨房当值的炊事人员。
标准	1. 保持消毒柜外面的卫生，每天擦拭 3 次。 2. 每次把使用完的碗筷、碟子、杯子等清洗干净后，整齐地摆放在消毒柜内固定位置。 3. 打开消毒开关，设置消毒时间一般为 15～30min，餐具消毒完毕后方可使用。 4. 维护周期为每天 3 次，早餐、午餐、晚餐各一次。
图例	 

消毒柜标准操作及维护保养

一、检查准备

1. 将洗干净的餐具茶具的水倒净，按类别倒放或斜放在相应的消毒室的层架上。整齐摆放在柜内层架上，注意器皿之间留一定的间隙，以免影响消毒效果，有盖的餐具应将盖子打开。通常塑料餐具应放在臭氧室，陶瓷、金属玻璃制成的餐具应放在高温消毒室消毒。关好柜门。

二、操作

2.1 关好柜门，接通电源，进行消毒。消毒过程中，不能打开柜门。

2.2 按下消毒键，消毒字样点亮，相应的指示灯循环闪动，表示层柜内开始高温消毒，待消毒字样及相应的指示灯熄灭，表示消毒草工作完成。

2.3 按下臭氧键，臭氧工作指示灯点亮，表示臭氧保洁工作开始，整个周期完成后臭氧指示灯熄灭，臭氧保洁工作完成。

2.4 消毒完毕，切断电源，待20 min再打开柜门，取出餐具。取出餐具时，要注意餐具的温度，避免烫伤。

三、维护保养（详见设备维护手册）

3.1 消毒柜不用时，要打开柜门晾干后再关闭，保持里面干燥，即使长期不用，也要隔几天加热一次，驱除潮气，免得内部电气元件受潮接触不良。

3.2 不能把消毒柜当成碗柜来存放餐具。长期这样做，也会使消毒柜受潮。

3.3 经常清理柜内及表面，使消毒柜保持干净卫生。清洁时只宜用软布沾中性洗涤剂或水擦拭，然后抹干。

3.4 消毒柜应置于通风干燥的地方，尤其在厨房中要远离炉灶具，避开烹饪时产生的蒸汽。

3.5 清洁消毒柜之前，应拔下电源插头，用干净布料蘸些温水或中性清洁剂擦拭柜体表面，切勿用强腐蚀性化学液体擦拭，以免腐蚀柜体。严禁用大量的水泼淋各冲洗消毒柜，以免造成漏电事故。

3.6 使用臭氧发生器的消毒柜时，要注意臭氧发生器是否正常工作。如听不到高压放电的"吱吱"声或看不到放电的蓝光，说明臭氧发生器可能有故障，应及时维修。

四、注意事项

4.1 电源插座耐压应大于250V，容量大于6A，有良好的接地线，保证使用安全。

4.2 耐温低于150℃的餐具不要放在高温消毒室消毒，以免熔化。

4.3 餐具之间应留有适当的间隙，不可堆叠，以免影响消毒效果。

4.4 在消毒过程中，高温消毒室的温度为125℃，因此箱体温度较高，避免触措外壳各柜门，以免烫伤。

4.5 消毒柜的层架都有一定的强度，旋转的餐具不宜过多，以免层架变形影响消毒效果。

4.6 在消毒过中打开柜门时，应关断电源，不可带电操作，餐具消毒完毕后，若急用，打开柜门等候片刻再拿取，以免烫伤。

4.7 电热管是石英玻璃制品，质脆，清洁保养时切勿撞击。搬移消毒柜时要小心，不要撞击柜体，否则电热管会因受震断线或破裂。

4.8 彩釉陶瓷皿不能放在高温柜中消毒。因釉彩多含铅、镉等重金属，在高温下会释放出来，使用这样的餐具盛放食品对人体有害。

神朔铁路河东运输段
SHENSHUO RAIKWAY HEDONG TRANSPORT SECTION

2.3.2 餐桌明示化管理

目的	规范管理，创造干净整洁的就餐环境。
对象	厨房当值的炊事人员。
标准	1. 餐桌面上铺餐桌布，上面盖 3mm 厚的透明胶皮； 2. 就餐完毕，椅子按图整齐归位摆放； 3. 小餐厅管理落实责任人； 4. 维护周期为每天 3 次，早餐、午餐、晚餐各一次。
图例	

第3章　操作间安全明示化管理标准

3.1　操作间区域规划

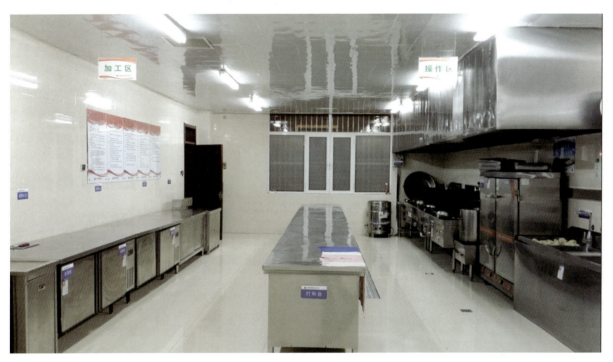

3.2 炊事员工作标准明示化管理

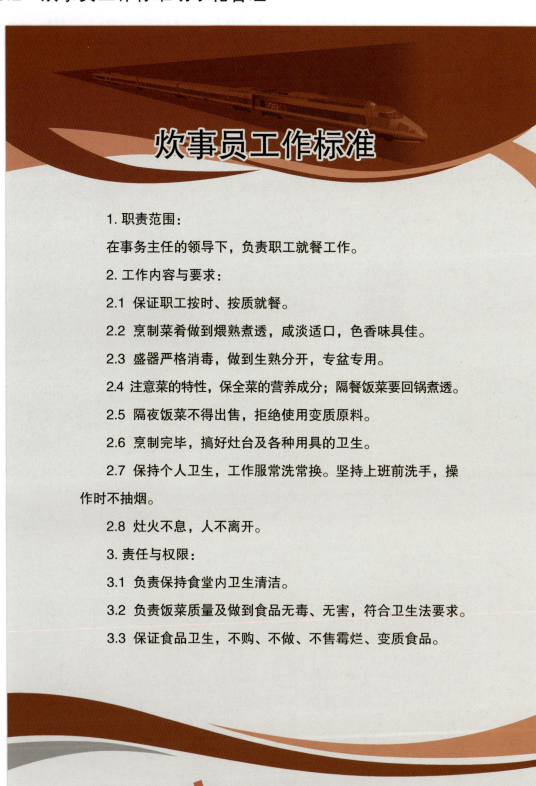

炊事员工作标准

1. 职责范围：

在事务主任的领导下，负责职工就餐工作。

2. 工作内容与要求：

2.1 保证职工按时、按质就餐。

2.2 烹制菜肴做到煨熟煮透，咸淡适口，色香味具佳。

2.3 盛器严格消毒，做到生熟分开，专盆专用。

2.4 注意菜的特性，保全菜的营养成分；隔餐饭菜要回锅煮透。

2.5 隔夜饭菜不得出售，拒绝使用变质原料。

2.6 烹制完毕，搞好灶台及各种用具的卫生。

2.7 保持个人卫生，工作服常洗常换。坚持上班前洗手，操作时不抽烟。

2.8 灶火不息，人不离开。

3. 责任与权限：

3.1 负责保持食堂内卫生清洁。

3.2 负责饭菜质量及做到食品无毒、无害，符合卫生法要求。

3.3 保证食品卫生，不购、不做、不售霉烂、变质食品。

神朔铁路河东运输段
SHENSHUO RAIKWAY HEDONG TRANSPORT SECTION

3.3　清洗池明示化管理

目的	清洗食物及餐具，确保干净整洁，卫生安全。
对象	厨房当值的炊事人员。
标准	1. 保持外表干净，每天擦拭 3 次； 2. 落实清扫和管理责任； 3. 食材按专用标志清洗池清洗、消毒； 4. 标志牌为亚克力板带背胶，尺寸为 100mm×200mm 或 100mm×400mm。
图例	

3.4 电气蒸车操作标准明示化管理

目的	确保安全、节约用电、保证质量，合理使用。
对象	厨房当值的炊事人员
标准	1. 保持外表的干净，每天擦拭 3 次； 2. 通电前必须检查电气线路、开关完好，排气阀是否打开，确认无误后方可使用； 3. 使用时必须检查自动补水浮球开关是否正常，需手动加水的蒸箱将水加到规定位置，关好蒸箱门； 4. 禁止使用中随意打开箱门； 5. 每周对蒸箱进行全面检修维护，保证设备正常运转。
图例	  

图例部分：

蒸 箱

当心烫伤

饮水机维护责任卡

部 门：王家寨站区食堂
设 备：煮汤桶
责任人：李江文

NO.	维护项目	维护标准	维护周期
1	外表及线路	保持干净整洁，无灰尘，确保路线完好可用	3次/天
2	内 部	清理干净残渣保持设备正常运转	3次/天

电汽蒸箱安全操作规定

一、使用人必须认真学习使用说明，掌握正确操作方法。

二、使用蒸箱前须先检查插座/插头是否连接完好、进气阀是否打开，确认无误后方可使用。

三、使用时必须将水加到规定位置。

四、严格遵守使用时间，禁止在启动中打开箱门。

五、使用中如发现异常现象，要立即断电，必要时及时向后勤中心报告并配合维修。

六、食物蒸熟后，待蒸箱冷却后方可打开箱门。

七、经常清洁，保持蒸箱内外干净卫生，定期除垢，降低能耗。

八、定期对蒸箱进行全面检修维护，保证设备正常运行，延长使用寿命。

九、本规程须严格遵守，由职工食堂主管负责监督与检查。

神朔铁路河东运输段
SHENSHUO RAIKWAY HEDONG TRANSPORT SECTION

3.5　油气两用灶操作明示化管理

目的	确保操作人员的人身安全，保持灶台、灶具干净、整洁、卫生。
对象	厨房当值的炊事人员。
标准	1. 保持外表干净，每天擦拭 3 次。 2. 使用前，必须检查炉灶具、液化气罐及减压阀、连接管道有无漏气现象，发现漏气禁止操作电器开关。 3. 确认无漏气现象后，必须先打开抽油烟机，再打开钢瓶总阀，然后进行点火；点火用点火器，不准明火直接点燃。 4. 使用时，保持灶具附近不离人，严禁闲杂人员操作。使用完毕，先关气，然后关闭抽油烟机。 5. 定期检查灶具、管道等是否正常；开关液化气和检查设备要做好记录并签名。
图例	

柴油燃气灶安全操作规程

一、柴油燃气灶使用前，参考使用说明书要求，要有专人负责管理与维护。不准外人随便使用。

二、加油时注意不可将柴油喷溅到别处，以防火灾、爆炸，待油装完后，再通电源。

三、旋转电源风门开关，使风机启动后再调试风量。

四、将点燃的点火棒置于燃烧室中预热，点燃后开大风量和油阀，燃气时应打开气阀点，先燃气后燃油。

五、严禁用水冲洗灶体，定期清洗油箱，检查各接点是否渗油。

六、使用时，操作平台过热时，要放水降温。

七、出现不着火等故障，应先关油阀或气阀，待完全熄火后再关闭电源。找供应商或电工修理，不得私自开机修理。

八、使用完毕，先关油阀或气阀，待完全熄火后再关闭电源。

九、定期检查清理烟道、风道，定期清理锅底灰垢。

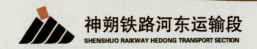

神朔铁路河东运输段
SHENSHUO RAIKWAY HEDONG TRANSPORT SECTION

3.6　调料车操作明示化管理

目的	确保炒菜所需的各种调料齐全,干净卫生。
对象	厨房当值的炊事人员。
标准	1. 保持外表干净，每天擦拭 3 次，调料摆放整齐。 2. 上灶人员一上班，必须先检查调料车里面的调料是否需要添加补充，需添加的及时添加好；并查看所有调料是否过期、变质等，如有应立即更换。 3. 使用完调料应立即将盖子盖好，防止操作人员将水、油等物滴到调料车上，破坏调料原有的味道。
图例	 

3.7　打和台标准明示化管理

目的	保证每天的配菜场地有足够的空间且互不影响，确保干净整洁的工作环境。
对象	厨房当值的炊事人员。
标准	1. 保持外表干净，每天擦拭 3 次。 2. 打和台摆放成一条直线，里面摆放每天所需的各种器具，比如不锈钢盛饭槽、不锈钢盆具等，各类物品摆放有序。 3. 每天所需的配菜准备工作必须在打和台上面完成，完成后及时清理干净。 4. 每天晚上进行消毒，设当值炊事员进行维护。
图例	

3.8　刀具柜明示化管理

目的	规范定制，方便取用，干净整洁，卫生安全。
对象	厨房当值的炊事人员。
标准	1. 保持外表干净，每天擦拭 3 次。 2. 落实管理责任，每天上班前由厨师长保管钥匙，确保安全。 3. 每天下班前将所有刀具和菜墩整齐按架摆放，由厨师长上锁。
图例	

3.9　蔬菜柜明示化管理

目的	确保存放的各类蔬菜、肉、食品安全无过期无腐烂无毒，让职工吃上放心菜。
对象	厨房当值的炊事人员。
标准	1. 保持外表干净，每天擦拭 3 次。 2. 冰柜内不得存放变质、有异味、污秽不洁或超过保质期的食品。 3. 储藏的食材，分类、分架存放且生熟、荤素分开，腐败食品不得冷藏。 4. 对冰柜做定期消毒、除霜、除臭，确保无血水、无冰渣。
图例	

冰柜安全操作规定

1. 冰箱冰柜负责人有厨师长担任，有厨师长任命使用人，专柜主机管理使用。

2. 冷冻室保持 –10℃~–15℃；冷藏室保持0℃~–3℃。

3. 冷冻和冷藏食品必须严格区分开，不得混放。

4. 菜品按先进先出分类存放；按菜品质地上下堆码存放；按销售量灵活存放；按食品生熟类别存放。有味道较重的物品必须包装后才可进入冰箱以免串味。

5. 冰柜冰箱顶部禁止堆放其他物品，以免影响正常使用。

6. 冰箱冰柜门使用时即开即关，操作轻便。

7. 冰箱冰柜正当使用，不得存放私人物品和与经营无关的其他物品。

8. 过热过湿的物品待冷却或包好后方可进入冰箱。

9. 每日擦洗，保持外观清洁（无油污，杂物）。

10. 每隔周除冰一次，保持正常工作温度。严禁用菜刀除冰。

11. 每周一翻箱消毒、除异味，保持菜品的清洁。

12. 每月三十日测试箱体温度，检查控制线路。

13. 每周一打开底盖，断开电源，检查机械传动部分并清除底部杂物。

14. 在停电情况下尽量减少冰箱的开启次数。

15. 对自己不能解决的问题应及时报告维修工或报审批维修申请计划。

神朔铁路河东运输段
SHENSHUO RAIKWAY HEDONG TRANSPORT SECTION

3.10　留样柜明示化管理

目的	为食品质量的追溯或调查提供样品，预防食品安全事故发生。
对象	厨房当值的炊事人员
标准	1. 保持外表干净，每天擦拭 3 次。 2. 每天每顿饭一出锅，必须先留样，各种菜品和主食都要进行留样，留样后锁好留样柜，防止他人打开做鬼。 3. 留样样品要保留 24h，24h 以后的样品需清理干净，留样盒消毒后方可进行下一次留样。
图例	

第4章　面点房和调味品库安全明示化管理标准

4.1　面点房明示化管理

4.1.1　面点设备明示化管理

目的	保持面点设备干燥通风，干净整洁，安全卫生，无鼠无虫。
对象	厨房当值的炊事人员。
标准	1. 保持外表干净，每天擦拭 3 次。 2. 每次使用前必须先检查设备线路是否漏电。 3. 操作时必须严格按照设备操作管控流程和设备流程图进行操作。 4. 使用完毕，必须断电，打扫卫生，地面不得有水。
图例	

电饼铛操作管控流程

序号	工序	危险源	风险及后果	风险等级	作业标准及控制措施	管理对象	直接管理人员	监管人员
1	操作前检查	未检查线路是否良好	漏电导致人员触电	一般	1、设置专人操作 2、操作前严格检查	厨师	厨师长、事务主任	主管领导、后勤服务中心
2	操作中	未设专人看管	易导致电线温度过高发生火灾	一般	1、设专人看管 2、看管人员不得离开，有事离开必须报告厨师长			
		裸手碰触电饼铛	易造成人员烫伤	一般	1、设置专人操作 2、严禁使用中裸手碰触电饼铛			
3	使用完毕	未按规定立即断电	易造成人员触电	一般	1、设置专人操作 2、使用完毕立即断电			

电饼铛作业指导书

1.设备/材料/工具
　　电饼铛、面、糖、葱等。
2.安全
　　2.1使用前必须检查电器开关、线路，确保完好、安全。
3.流程图

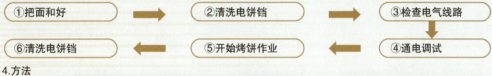

①把面和好　➡　②清洗电饼铛　➡　③检查电气线路

⑥清洗电饼铛　⬅　⑤开始烤饼作业　⬅　④通电调试

4.方法

序号	内容	操作图片	操作说明	序号	内容	操作图片	操作说明	序号	内容	操作图片	操作说明
1	把面和好		使用压面机压好面。	2	清洗电饼铛		清洗电饼铛机，保证铛内无杂物干净。	3	检查电气线路		使用前检查电器开关、线路，确保完好、安全。
4	通电测试		把电饼铛调试到适当温度。	5	开始烤饼作业		把面放入铛内，把面摊平，把电饼铛合好。	6	清洗电饼铛		清理残渣，保证电饼铛内无杂物干净，严禁用水冲洗带电器部分。

绞肉机操作管控流程

序号	工序	危险源	风险及后果	风险等级	作业标准及控制措施	管理对象	直接管理人员	监管人员
1	操作前准备	操作人员衣袖过长	易造成人员机械伤害	一般	1、设置专人操作 2、严格按规定着装	厨师	厨师长、事务主任	主管领导、后勤服务中心
2	操作前检查	未检查线路是否良好	漏电导致人员触电	一般	1、设置专人操作 2、操作前严格检查			
3	操作中	湿手碰触开关	易导致人员触电	一般	1、设置专人操作 2、严禁湿手碰触开关 3、开关上假装防水装置			
		戴手套操作	易造成人员机械伤害	一般	1、设置专人操作 2、严禁戴手套操作			
		进肉时用手按压	易造成人员机械伤害	一般	1、设置专人操作 2、使用木棍或筷子按压			
		进肉时用金属工具按压	金属工具碰到铰笼，弹出伤人	一般	1、设置专人操作 2、使用木棍或筷子按压			
4	使用完毕	未按规定立即断电	易造成人员触电	一般	1、设置专人操作 2、使用完毕立即断电			

绞肉机作业指导书

1.设备/材料/工具
　绞肉机、肉。
2.安全
　2.1使用前必须检查电路是否完好，操作人员必须熟悉绞肉机性能及各部作用，确保操作安全。
3.流程图

①把肉切成小块并剔骨 → ②清洗绞肉机 → ③检查电气线路
⑥清洗绞肉机 ← ⑤开始绞肉操作 ← ④通电调试

4.方法

序号	内容	操作图片	操作说明	序号	内容	操作图片	操作说明	序号	内容	操作图片	操作说明
1	把肉切成小块并剔骨		先切肉剔骨，以免肉块过大放不进去或损坏机器。	2	清洗绞肉机		清洗绞肉机，保证绞肉机干净。	3	检查电气线路		对绞肉机进行全面检查，机械部件和电气线路是否正常，各安全防护装置是否可靠。
4	通电测试		不得用湿手操作启动开关，先空机运转，观察有无异常现象。	5	开始绞肉操作		绞肉时严禁"手入绞肉口内"进肉时不得用手往里按，应用木棍或筷子往下按。	6	清洗绞肉机		清理残渣，保证绞肉机干净，严禁用水冲洗带电器部分。

豆浆机操作管控流程

序号	工序	危险源	风险及后果	风险等级	作业标准及控制措施	管理对象	直接管理人员	监管人员
1	操作前准备	未检查线路是否良好	漏电导致人员触电	一般	1、设置专人操作 2、操作前严格检查	厨师	厨师长、事务主任	主管领导、后勤服务中心
2	操作中	湿手操作	易造成人员触电	一般	1、设专人操作 2、严禁湿手操作			
		水淋入机身及接线盒	漏电导致人员触电	一般	1、设专人看管 2、严格按操作规程进行操作			
		未断电处理卡机故障	易造成人员触电	一般	1、设专人操作 2、严禁未断电处理卡机故障			
3	操作完毕	未立即断电	易造成人员触电	一般	1、设专人操作 2、使用完毕，立即断电			

豆浆机作业指导书

1.设备/材料/工具
　豆浆机、黄豆。
2.安全
　2.1使用前必须检查电器开关、线路，确保完好、安全。
3.流程图

①把黄豆泡好 ➡ ②清洗豆浆机 ➡ ③检查电气线路

⑥清洗豆浆机 ⬅ ⑤开始打豆浆 ⬅ ④通电调试

4.方法

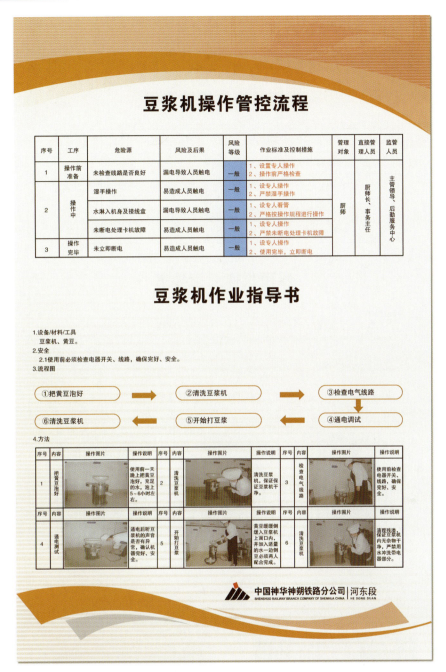

食堂维护责任卡

部　门：王家寨站区食堂

设　备：豆浆机

责任人：杨小光

NO.	维护项目	维护标准	维护周期
1	外　表	保持干净整洁	3次/天
2	内　部	清理干净残渣保持设备正常运转	1次/周

豆浆机

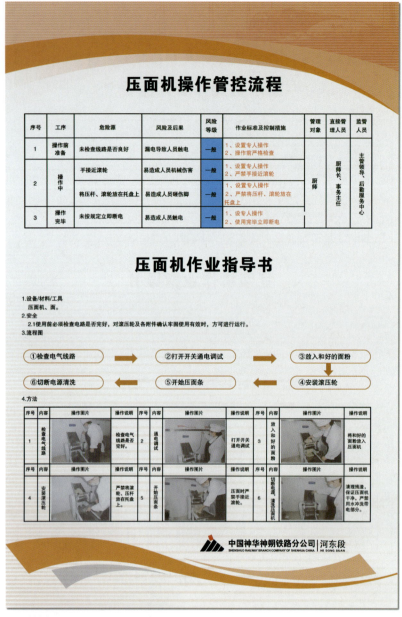

和面机操作管控流程

序号	工序	危险源	风险及后果	风险等级	作业标准及控制措施	管理对象	直接管理人员	监管人员
1	操作前准备	未检查电气线路是否完好	漏电导致人员触电	一般	1、设置专人操作 2、操作前严格检查	厨师	厨师长、事务主任	主管领导、后勤服务中心
2	操作	先开电源再加面	易导致人员触电	一般	1、设置专人操作 2、严禁按操作流程进行操作			
3	使用中	未关闭电源取杂物	易造成人员机械伤害	一般	1、设专人看管 2、严禁未关闭电源进行取物			
4	使用完毕	未断电进行取面	易造成人员机械伤害	一般	1、设专人操作 2、使用完毕立即断电			

和面机作业指导书

1.设备/材料/工具

　和面机、面、水等。

2.安全

　2.1作业员调整和取面时，必须关闭电源；发现漏电等故障，马上切断电源，然后进行修理。

3.流程图

①检查电气线路　➡　②清洗和面机　➡　③放入面粉和水

⑥清理残渣　⬅　⑤停机后取面　⬅　④通电、和面、搅拌

4.方法

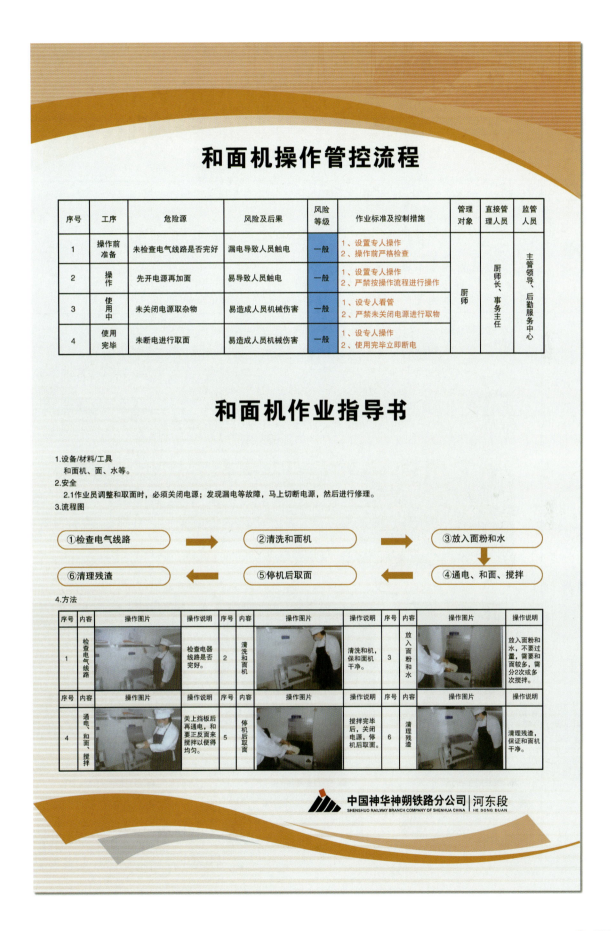

序号	内容	操作图片	操作说明	序号	内容	操作图片	操作说明	序号	内容	操作图片	操作说明
1	检查电气线路		检查电器线路是否完好。	2	清洗和面机		清洗和机，保和面机干净。	3	放入面粉和水		放入面粉和水，不要过量，需要和面较多，需分2次或多次搅拌。
4	通电、和面、搅拌		关上挡板后再通电，和面要正反面来搅拌以便得均匀。	5	停机后取面		搅拌完毕后，关闭电源，停机后取面。	6	清理残渣		清理残渣，保证和面机干净。

中国神华神朔铁路分公司 | 河东段
SHENSHUO RAILWAY BRANCH COMPANY OF SHENHUA CHINA | HE DONG DUAN

4.1.2　储粮箱明示化管理

目的	保持粮食干燥通风，干净整洁、安全卫生，无鼠无虫。
对象	厨房当值的炊事人员
标准	1. 保持外表干净，每天擦拭 3 次。 2. 每天查看储存量是否足够，不够及时补充。 3. 取粮食时注意不要撒落到地上。 4. 取粮勺子不能混用，取粮后及时盖盖，防止灰尘进入和吸湿受潮。
图例	 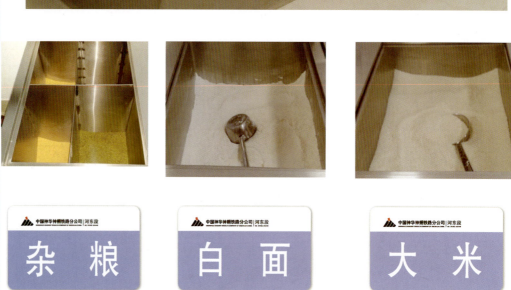

4.2　调味品库安全明示化管理

目的	分类存放，确保质量，保持干净、整洁、卫生、安全。
对象	厨房当值的炊事人员。
标准	1. 把调味品盒摆放整齐，保持干净整洁。 2. 查看调味盒内调料是否需要补充，如需补充的及时补充完好；取完所需调味品后，及时将调味品盒盖上。 3. 检查里面食材是否过期超标，确保无虫无鼠。
图例	   

调味品图片卡　　　　　　　　维护责任卡

制作说明：

1. 调味品图片卡为长 80mm、宽 100mm 的亚克力板带背胶。

2. 维护责任卡为长 210mm、宽 145mm 的亚克力板带背胶。

3. 广告公司制作

（1）统计好数量后，图片发给广告公司制作；

（2）广告公司制作样品确认后，批量制作。

4. 领取标贴后，撕开后背胶张贴。

4.3　液化气房间安全明示化管理

目的	加强区域安全管理，预防火灾、爆炸事故的发生，保障人身和公私财产安全。
对象	厨房内所有炊事人员。
标准	1. 液化气钢瓶必须存放在专用小房内。 2. 钢瓶严防高温和日光曝晒，其环境温度不得大于 45 ℃，钢瓶与炉灶要保持 2000mm 以上安全距离，并保证存放场所空气流通。 3. 液化气小房钥匙及开关液化气由值班炊事员负责，开关都要做好记录并签名。 4. 开关液化气钢瓶总阀门时，应首先打开小房门进行通风，确认安全后方可进行操作。 5. 开关液化气后及时将小房上锁，禁止无关人员入内。 6. 液化气钢瓶严禁碰撞、敲打，不得接近火源、热源，严禁用烘烤、火烧等方法对气瓶加热，不能倾倒、倒置使用。
图例	

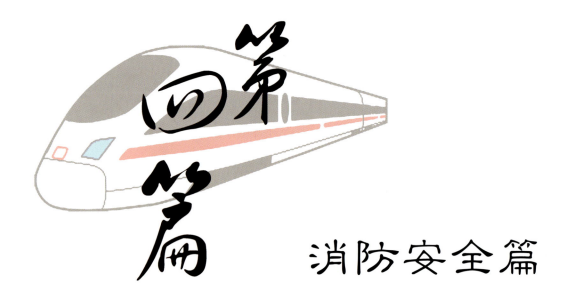

消防安全篇

　　安全是人类生活永恒的主题，也是每一个企业的不懈追求。我们的一切活动都是建立在安全之上的，失去安全就会失去一切。安全行为习惯是保证安全的重中之重，也就是说人的安全意识才是杜绝安全事故的根本。

　　俗话说，习惯成自然。习惯对我们有着很大的影响，因为它是一贯的，在不知不觉中日积月累地影响着我们的行为，影响着我们的思想，左右着我们的成败。安全行为习惯体现了对人的生命权的尊重和对企业安全的负责精神。安全工作是一个系统工程，必须依靠全体员工的集体智慧和力量，只有大家形成"安全第一"的共识，一切从安全出发，养成安全生产的良好习惯，才能把安全生产水平搞上去，把安全事故率降下来。只有让安全成为员工的一种自觉的意识和行为习惯，企业才能实现长治久安。

　　统计显示，事故人为的因素中，安全意识占到90%多，而安全技术水平所占比例不到10%，而企业的安全培训却把90%的精力用在占10%比重的安全技术水平上，管理层也普遍把安全意识当成软指标。

　　我段开展明示化工作，就是要彻底扭转这种安全管理理念，对平时工作流程不断细化，明确标准，对工作内容安全节点进行明示，对高危场所进行安全提示，让所有的职工参与到明示化工作中，集思广益，发挥群众的力量，在日常生活中，时时刻刻给大家灌输安全理念，让大家在不知不觉中建立安全意识，从而保障安全生产工作的顺利进行。

第1章　消防安全标志标准

1.1　消防安全标志尺寸标准

目　的：规范消防安全标志尺寸标准，实现统一化、标准化。

对　象：消防安全标志。

标　准：消防安全标志的几何图形尺寸以观察距离 D 为基准，计算方法见图 4-1-1～图 4-1-4。

边长 $a = 0.025D$

图 4-1-1　正方形

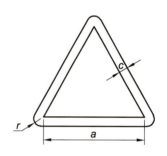

内边：$a = 0.035\,D$
边框宽：$c = 0.124a$
圆角半径：$r = 0.080a$

图 4-1-2　三角形

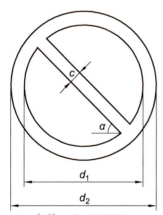

内径：$d_1 = 0.028D$
外径：$d_2 = 1.25d_1$
斜线宽：$c = 0.100d_1$
斜线与水平线的夹角 $\alpha = 45°$

图 4-1-3　圆环和斜线

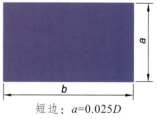

短边：$a = 0.025D$
长边：$b = 1.60a$

**图 4-1-4　由图形标志、方向辅助标志和文字辅助标志
组成的长方形标志**

表 4-1-1　安全标志的尺寸（参考件）

型号	观察距离 D（m）	正方形标志的边长 a（m） 长方形标志的短边 a（m）	圆环标志的内径 d_1（m）	三角形标志的内边 a（m）
1	$0<D\leq2.5$	0.063	0.070	0.088
2	$2.5<D\leq4.0$	0.100	0.110	0.140
3	$4.0<D\leq6.3$	0.160	0.175	0.220
4	$6.3<D\leq10.0$	0.250	0.280	0.350
5	$10.0<D\leq16.0$	0.400	0.450	0.560
6	$16.0<D\leq25.0$	0.630	0.700	0.880
7	$25.0<D\leq40.0$	1.000	1.110	1.400

注：表中符号参见图 4-1-1～图 4-1-4。

表 4-1-2　消防安全标志牌的厚度（参考件）

钢板	0.5～3.0 mm
铝板	0.5～3.0 mm
合成树脂板	3～8 mm
玻璃板	3～5 mm

1.2　火灾报警和手动控制装置的标志标准

目的：规范河东运输段火灾报警和手动控制装置标志的设计、制作标准。

对象：河东运输段所有火灾报警和手动控制装置。

标准：1. 火灾报警和手动控制装置标志严格按照本书第 4 篇 1.1 节的要求制作，颜色按照以下标准选用；

2. 火灾报警和手动控制装置标志标准，见表 4-1-3；

3. 参考资料：《GB/T13495.1-2015》。

表 4-1-3

编号	标志	名称	说明
1		消防按钮	指示火灾报警系统或固定灭火系统等的手动启动器（ISO6309No.1）
2		发声警报器 FIREALARM	可单独用来指示发声警报器，也可与表 4-1-3 中第 1 条标志一起使用，指示该手动启动装置是启动发声警报器的（ISO6309No.2）
3		火警电话 FIRETELEPHONE	指示在发生火灾时，可用来报警的电话及电话号码（GB2894-88No.4-8）

1.3 紧急疏散途径的标志标准

目　　的：规范紧急疏散途径标志标准，更好地起到导向的作用，从而减少损失。

对　　象：疏散通道处。

标　　准：1. 安装位置选择消防通道醒目的位置；

　　　　　2. 紧急疏散途径的标志严格按照本书第 4 篇 1.1 节的要求制作，颜色按照以下标准选用；

　　　　　3. 紧急疏散途径的标志适用范围见表 4-1-4。

表 4-1-4

编号	标志	名称	说明
1		安全出口 EXIT	指示在发生火灾等紧急情况下，可使用的一切出口。在远离紧急出口的地方，应与表 4-1-7 中第 1 条标志联用，以指示到达出口的方向（GB10001-88No.4）
2		滑动开门 SLIDE	指示装有滑动门的紧急出口，箭头指示该门的开启方向（ISO6309No.6）
3		推开 PUSH	本标志置于门上，指示门的开启方向（ISO6309No.7）
4		拉开 PULL	本标志置于门上，指示门的开启方向（ISO6309No.8）

续表

编号	标志	名称	说明
5		击碎板面 BREAK THE PLATE	指示：a. 必须击碎玻璃板才能拿到钥匙或拿到开门工具。b. 必须击开板面才能制造一个出口（ISO6309No.9）
6		逃生梯 ESCAPE LAIDER	本标志提示逃生梯的存放位置
7		禁止阻塞 NO OBSTRUCTING	表示阻塞(疏散途径或通向灭火设备的道路等）会导致危险（ISO6309No.5）
8		禁止锁闭 NO LOCKING	表示紧急出口、房门等禁止锁闭

1.4 灭火设备的标志标准

目　的：规范灭火设备标志的制作、使用标准，更好地为扑灭火灾提供帮助，减少事故损失。

对　象：存放灭火设备的场所。

标　准：1. 安装位置选择灭火设备存放位置；

2. 灭火设备的标志严格按照本书第 4 篇 1.1 节的要求制作；

3. 灭火设备的标志标准见表 4-1-5。

表 4-1-5

编号	标志	名称	说明
1		灭火设备 FIRE-FIGHTING EQUIPMENT	指示灭火设备集中存放的位置（ISO6309No.10）
2		灭火器 FIRE EXTINGUISHER	指示灭火器存放的位置（ISO7001ADD1-014）
3		消防水带 FIRE HOSE	指示消防水带、软管卷盘或消火栓箱的位置（ISO6309No.12）
4		地下消火栓 FLUSH FIRE HYDRANT	指示地下消火栓的位置
5		地上消火栓 POST FIRE HYDRANT	指示地上消火栓的位置
6		消防水泵接合器 SIAESE CONNECTION	指示消防水泵接合器的位置
7		消防梯 FIRE LADDER	指示消防梯的位置（ISO6309No.13）

1.5 具有火灾、爆炸危险的地方或物质的标志标准

目　的：规范具有火灾、爆炸危险的地方或物质的标志的制作、使用标准。

对　象：存放火灾、爆炸危险的地方或物质的区域。

标　准：1. 根据存放具有火灾、爆炸危险的地方或物质的类别安装相应的标志；

2. 标志的规格严格按照本书第 1 篇 2.1 节和 2.2 节的相关要求制作，颜色按照以下标准选用；

3. 具有火灾、爆炸危险的地方或物质的标志准标见表 4-1-6。

表 4-1-6

编号	标志	名称	说明
1		当心易燃物 DANGEROFFIRE-HIC HICHLYFLAMMABLE MATERALS	警告人们有易燃物质，要当心火灾置肋（ISO6309No.14）
2		当心氧化物 DANGEROFFIRE-OXI DIZINGMATERALS	警告人们有易氧化的物质，要当心因氧化而着火（ISO6309No.15）
3		当心爆炸 DANGEROFEXPLOSI ONEXPLOSIVEMATE RALS	警告人们有可燃气体、爆炸物或爆炸性混合气体，要当心爆炸
4		禁止用水灭火 BAN ON FINE WITH WATER	表示：a. 该物质不能用水灭水； b. 用水灭火会对灭火者或周围环境产生危险（ISO6309No.17）
5		禁止吸烟 NO SMOKING	表示吸烟能引起火灾危险（ISO6309No.18）

编号	标志	名称	说明
6		禁止烟火 NO BURNING	表示吸烟或使用明火能引起火灾或爆炸 （ISO6309No.19）
7		禁止放易燃物 NO FLAMMABLE MATERALS	表示存放易燃物会引起火灾或爆炸 （GB2894-88No.1-6）
8		禁止带火种 NO MATCHES	表示存放易燃易爆物质，不得携带火种 （GB2894-88No.1-3）
9		禁止燃放鞭炮 NO FIRE WORKS	表示燃放鞭炮、焰火能引起火灾或爆炸

1.6　方向辅助标志标准

　　目　的：规范河东运输段消防安全标志方向辅助标志的内容、规格及制作标准要求，更加准确提供标志的方向信息。

　　对　象：需要提供疏散通道、灭火设备或报警装置等方向的消防安全标志。

　　标　准：1. 消防安全标志的方向辅助标志应该与表4–1–4及表4–1–5中的有关标志联用，指示被联用标志的方向；

　　　　　　2. 在标志远离指示物时，必须联用方向辅助标志；如果标志与其指示物很近，人们一眼即可看到标志的指示物，方向辅助标志可以省略；

　　　　　　3. 方向辅助标志与图形标志联用时，如系指示左向（包括左下、左上）和下向，则放在图形标志的左方；如系指示右向（包括右下、右上），则放在图形标志的右方，见图4–1–5；

　　　　　　4. 方向辅助标志的颜色应与联用的图形标志的颜色统一；

　　　　　　5. 常见的方向辅助标志见表4–1–7。

图 4-1-5

表 4-1-7

编号	标志	名称	说明
1		疏散通道方向	与表4-1-4中的第1条标志联用，指示到紧急出口的方向。该标志亦可制成长方形（ISO6309No.20）
2		灭火设备或报警装置的方向	与表4-1-5中的标志联用，指示灭火设备或报警装置的位置。该标志亦可制成长方形（ISO6309No.21）

1.7 文字辅助标志标准

目　的：规范河东运输段消防安全标志文字辅助标志的内容、规格及制作标准要求，更加准确地向人们传达消防安全标志表达的信息。

对　象：配合相应的消防安全性标志。

标　准：1. 文字辅助标志应该与图形标志或（和）方向辅助标志联用；当图形标志与其指示物很近、表示意义很明显，人们很容易看懂时，文字辅助标志可以省略。

2. 文字辅助标志有横写和竖写两种形式。横写时，其基本形式是矩形边框，可以放在图形标志的下方，也可以放在左方或右方，如图 4-1-8 所示；竖写时，则放在标志杆的上部。

3. 横写的方字辅助标志与三角型标志联用时，字的颜色为黑色，与其他标志联用时，字的颜色为白色；竖写在标志杆上的文字辅助标志，字的颜色为黑色。

4. 文字辅助标志的底色应与联用的图形标志统一。

5. 当消防安全标志的联用标志既有方向辅助标志又有文字辅助标志时，一般将二者同放在图形标志的同一侧，文字辅助标志放在方向辅助标志之下，如图 4-1-8（c）所示；当方向辅助标志指示的方向为左下、右下及正下时，则把文字辅助标志放在方向辅助标志之上。

6. 文字辅助标志的高度尺寸，见表 4-1-8。

（a）　　　　　（b）　　　　　（c）

图 4-1-8

表 4-1-8

联用标志	辅助标志尺寸		文字高
	长	宽	
与正方形标志联用	a	$0.2a$	$0.1a$
与圆形标志联用	d_2	$0.2d_2$	$0.1d_2$
与三角形标志联用	$1.312a$	$0.2624a$	$0.1312a$

第2章　安全质量环保部消防类明示化管理标准

2.1　消防器材台账

灭火器放置分布表			
制定：安质环保部	批准：	制定日：	
部　门	放置区域	编号	负责人
王家寨车站	王家寨信号楼三层	WX3-GF-008	赵映春
王家寨车站	王家寨信号楼三层	WX3-GF-007	赵映春
王家寨车站	王家寨信号楼三层	WX3-GF-006	赵映春
王家寨车站	王家寨信号楼三层	WX3-GF-005	赵映春
王家寨车站	王家寨信号楼三层	WX3-GF-004	赵映春
王家寨车站	王家寨信号楼三层	WX3-GF-003	赵映春
王家寨车站	王家寨信号楼三层	WX3-GF-002	赵映春
王家寨车站	王家寨信号楼三层	WX3-GF-001	赵映春
王家寨信号工区	王家寨信号楼信号机房门口	WX3-CO2-001	田慧君
王家寨信号工区	王家寨信号楼信号机房门口	WX3-CO2-002	田慧君
王家寨信号工区	王家寨信号楼信号机房门口	WX3-CO2-003	田慧君
王家寨信号工区	王家寨信号楼信号机房门口	WX3-CO2-004	田慧君
王家寨信号工区	王家寨信号楼二层	WX2-GF-001	田慧君
王家寨信号工区	王家寨信号楼二层	WX2-GF-002	田慧君
王家寨信号工区	王家寨信号楼二层	WX2-GF-003	田慧君
王家寨信号工区	王家寨信号楼二层	WX2-GF-004	田慧君
王家寨信号工区	王家寨信号楼二层	WX2-GF-005	田慧君
王家寨信号工区	王家寨信号楼二层	WX2-GF-006	田慧君
王家寨信号工区	王家寨信号楼二层	WX2-GF-007	田慧君
王家寨信号工区	王家寨信号楼二层	WX2-GF-008	田慧君
王家寨车站	王家寨信号楼二层	WX1-GF-001	刘张明
王家寨车站	王家寨信号楼一层	WX1-GF-002	刘张明
王家寨车站	王家寨信号楼一层	WX1-GF-003	刘张明
王家寨车站	王家寨信号楼一层	WX1-GF-004	刘张明

续表

部 门	放置区域	编号	负责人
王家寨车站	王家寨信号楼一层	WX1-GF-005	刘张明
王家寨车站	王家寨信号楼一层	WX1-GF-006	刘张明
王家寨车站	王家寨信号楼一层	WX1-GF-007	刘张明
王家寨车站	王家寨信号楼一层	WX1-GF-008	刘张明
阴塔电缆工区	王家寨信号楼通信机房门口	WX1-CO2-001	陈 炜
阴塔电缆工区	王家寨信号楼通信机房门口	WX1-CO2-002	陈 炜
王家寨信号工区	王家寨信号楼路应急备品库	WX1-CO2-003	田慧君
王家寨信号工区	王家寨信号楼路应急备品库	WX1-CO2-004	田慧君
王家寨信号工区	王家寨信号电缆室	WX1-CO2-005	田慧君
王家寨站区	王家寨综合楼一层	WZ1-GF-001	王晓波
王家寨站区	王家寨综合楼一层	WZ1-GF-002	王晓波
王家寨站区	王家寨综合楼一层	WZ1-GF-003	王晓波
王家寨站区	王家寨综合楼一层	WZ1-GF-004	王晓波
王家寨站区	王家寨综合楼一层	WZ1-GF-005	王晓波
王家寨站区	王家寨综合楼一层	WZ1-GF-006	王晓波
王家寨站区	王家寨综合楼一层	WZ1-GF-007	王晓波
王家寨站区	王家寨综合楼一层	WZ1-GF-008	王晓波
王家寨站区	王家寨综合楼食堂	WZS-GF-001	王晓波
王家寨站区	王家寨综合楼食堂	WZS-GF-001	王晓波
王家寨线路工区	王家寨综合楼二层	WZ2-GF-001	王建平
王家寨线路工区	王家寨综合楼二层	WZ2-GF-002	王建平
王家寨线路工区	王家寨综合楼二层	WZ2-GF-003	王建平
王家寨线路工区	王家寨综合楼二层	WZ2-GF-004	王建平
王家寨线路工区	王家寨综合楼二层	WZ2-GF-005	王建平
王家寨线路工区	王家寨综合楼二层	WZ2-GF-006	王建平
王家寨线路工区	王家寨综合楼二层	WZ2-GF-007	王建平
王家寨线路工区	王家寨综合楼二层	WZ2-GF-008	王建平
王家寨站区	王家寨综合楼活动室	WZH-GF-001	李小兰
王家寨站区	王家寨综合楼活动室	WZH-GF-002	李小兰
王家寨车站	王家寨综合楼三层	WZ3-GF-001	王 富
王家寨车站	王家寨综合楼三层	WZ3-GF-002	王 富
王家寨车站	王家寨综合楼三层	WZ3-GF-003	王 富
王家寨车站	王家寨综合楼三层	WZ3-GF-004	王 富
王家寨车站	王家寨综合楼三层	WZ3-GF-005	王 富
王家寨车站	王家寨综合楼三层	WZ3-GF-006	王 富

续表

部　门	放置区域	编号	负责人
王家寨车站	王家寨综合楼三层	WZ3-GF-007	王　富
王家寨车站	王家寨综合楼三层	WZ3-GF-008	王　富
王家寨车站	王家寨综合楼四层	WZ4-GF-001	刘张明
王家寨车站	王家寨综合楼四层	WZ4-GF-002	刘张明
王家寨车站	王家寨综合楼四层	WZ4-GF-003	刘张明
王家寨车站	王家寨综合楼四层	WZ4-GF-004	刘张明
王家寨车站	王家寨综合楼四层	WZ4-GF-005	刘张明
王家寨车站	王家寨综合楼四层	WZ4-GF-006	刘张明
王家寨车站	王家寨综合楼四层	WZ4-GF-007	刘张明
王家寨车站	王家寨综合楼四层	WZ4-GF-008	刘张明
王家寨信号工区	王家寨车站库房5	WK5-CO2-001	田慧君
王家寨信号工区	王家寨车站库房5	WK5-CO2-002	田慧君
王家寨信号工区	王家寨车站库房6	WK6-CO2-003	田慧君
王家寨车站	王家寨车站库房7	WK7-GF-001	赵映春
王家寨车站	王家寨车站库房7	WK7-GF-002	赵映春
王家寨车站	王家寨车站库房8	WK8-GF-003	赵映春
王家寨车站	王家寨车站库房8	WK8-GF-004	赵映春
王家寨线路工区	王家寨车站库房9	WK9-GF-005	王建平
王家寨线路工区	王家寨车站库房9	WK9-GF-006	王建平
王家寨线路工区	王家寨车站库房10	WK10-GF-007	王建平
王家寨线路工区	王家寨车站库房10	WK10-GF-008	王建平
王家寨线路工区	王家寨车站库房11	WK11-GF-009	王建平
王家寨线路工区	王家寨车站库房11	WK11-GF-010	王建平
王家寨线路工区	王家寨车站库房12	WK12-GF-011	王建平
王家寨线路工区	王家寨车站库房12	WK12-GF-012	王建平

备注：

编号方法说明：WX2-GF-008，第一字符段第一位字母是指车站名称，第二位字母指建筑物名称，第三位是指存放位置；第二字符段是指消防栓或灭火器类型；第三字符段是指编号，由所处位置从东至西数列编排。

消防栓放置分布表

制定：安质环保部	批准：		制定日：	
部门	放置区域	编号	负责人	
王家寨车站	王家寨信号楼三层	WX3-SS-001	赵映春	
王家寨车站	王家寨信号楼三层	WX3-SS-002	赵映春	
王家寨车站	王家寨信号楼三层	WX3-SS-003	赵映春	
王家寨车站	王家寨信号楼三楼	WX3-SS-004	赵映春	
王家寨信号工区	王家寨信号楼二楼	WX2-SS-001	田慧君	
王家寨信号工区	王家寨信号楼二楼	WX2-SS-002	田慧君	
王家寨信号工区	王家寨信号楼二楼	WX2-SS-003	田慧君	
王家寨信号工区	王家寨信号楼二楼	WX2-SS-004	田慧君	
王家寨车站	王家寨信号楼一楼	WX1-SS-001	何生亮	
王家寨车站	王家寨信号楼一楼	WX1-SS-002	何生亮	
王家寨车站	王家寨信号楼一楼	WX1-SS-003	何生亮	
王家寨车站	王家寨信号楼一楼	WX1-SS-004	何生亮	
王家寨站区	王家寨综合楼一层	WX1-SS-001	王晓波	
王家寨站区	王家寨综合楼一层	WX1-SS-002	王晓波	
王家寨站区	王家寨综合楼一层	WX1-SS-003	王晓波	
王家寨站区	王家寨综合楼一层	WX1-SS-004	王晓波	
王家寨站区	王家寨综合楼食堂	WXS-SS-001	王晓波	
王家寨线路工区	王家寨综合楼二层	WZ2-SS-001	王建平	
王家寨线路工区	王家寨综合楼二层	WZ2-SS-002	王建平	
王家寨线路工区	王家寨综合楼二层	WZ2-SS-003	王建平	
王家寨线路工区	王家寨综合楼二层	WZ2-SS-004	王建平	
王家寨站区	王家寨综合楼活动室	WZH-SS-001	李小平	
王家寨车站	王家寨综合楼三层	WZ3-SS-001	王 富	
王家寨车站	王家寨综合楼三层	WZ3-SS-002	王 富	
王家寨车站	王家寨综合楼三层	WZ3-SS-003	王 富	
王家寨车站	王家寨综合楼三层	WZ3-SS-004	王 富	
王家寨车站	王家寨综合楼四层	WZ4-SS-001	何生亮	
王家寨车站	王家寨综合楼四层	WZ4-SS-002	何生亮	
王家寨车站	王家寨综合楼四层	WZ4-SS-003	何生亮	
王家寨车站	王家寨综合楼四层	WZ4-SS-004	何生亮	

备注：

编号方法说明： WX2-GF-008，第一字符段第一位字母是指车站名称，第二位字母指建筑物名称，第三位是指所在位置；第二字符段是指消防栓或灭火器类型；第三字符段是指编号，由所处位置从东至西数列编排。

2.2 王家寨义务消防员名单

<table>
<tr><td colspan="11" align="center">王家寨站区义务消防员名单</td></tr>
<tr>
<th>序号</th>
<th>队伍名称（全称）</th>
<th>专业/职称</th>
<th>姓名</th>
<th>性别</th>
<th>年龄</th>
<th>身份证号</th>
<th>政治面貌</th>
<th>神华系统工龄</th>
<th>联系电话</th>
</tr>
<tr><td>1</td><td rowspan="14">王家寨站区</td><td>队长/站区书记</td><td>赵忠</td><td>男</td><td>40</td><td>612723197403150012</td><td>党员</td><td>20</td><td>13992276193</td></tr>
<tr><td>2</td><td>副队/长车站站长</td><td>郑建新</td><td>男</td><td>43</td><td>142229197309030012</td><td>党员</td><td>20</td><td>13403686816</td></tr>
<tr><td>3</td><td>副队长/桥隧车间主任</td><td>陈志平</td><td>男</td><td>41</td><td>142233197306250030</td><td>党员</td><td>20</td><td>13111207670</td></tr>
<tr><td>4</td><td>副队长/桥隧车间副主任</td><td>吴瑞卿</td><td>男</td><td>47</td><td>14223019670606003X</td><td>党员</td><td>19</td><td>13835076320</td></tr>
<tr><td>5</td><td>队员/车务调车长</td><td>杨强</td><td>男</td><td>27</td><td>150303198709032013</td><td>群众</td><td>5</td><td>13994072971</td></tr>
<tr><td>6</td><td>队员/车务连接员</td><td>曹东东</td><td>男</td><td>29</td><td>612732198511010000</td><td>党员</td><td>5</td><td>15029425896</td></tr>
<tr><td>7</td><td>队员/工务线路工</td><td>牛强</td><td>男</td><td>22</td><td>142230199210016311</td><td>群众</td><td>1</td><td>18155511186</td></tr>
<tr><td>8</td><td>队员/工务线路工班长</td><td>吴晓鹏</td><td>男</td><td>26</td><td>152632198809081517</td><td>群众</td><td>6</td><td>14747436777</td></tr>
<tr><td>9</td><td>队员/工务线路工</td><td>周北疆</td><td>男</td><td>28</td><td>152524198607220000</td><td>群众</td><td>4</td><td>18734980558</td></tr>
<tr><td>10</td><td>队员/工务桥隧工技术员</td><td>李志敏</td><td>男</td><td>30</td><td>140621198510110034</td><td>群众</td><td>9</td><td>13934936119</td></tr>
<tr><td>11</td><td>队员/供电过分相变配电工工长</td><td>王伟</td><td>男</td><td>23</td><td>140902199109240037</td><td>党员</td><td>3</td><td>18035053999</td></tr>
<tr><td>12</td><td>队员/供电过分相变配电工所长</td><td>赵伟</td><td>男</td><td>31</td><td>610404198309070531</td><td>群众</td><td>11</td><td>13759990302</td></tr>
<tr><td>13</td><td>队员/供电过分相变配电工所长</td><td>李广</td><td>男</td><td>31</td><td>61242919831128073X</td><td>群众</td><td>10</td><td>15891124306</td></tr>
<tr><td>14</td><td>队员/电务信号工工长</td><td>田慧君</td><td>男</td><td>30</td><td>61272619840618481X</td><td>群众</td><td>8</td><td>15319670177</td></tr>
</table>

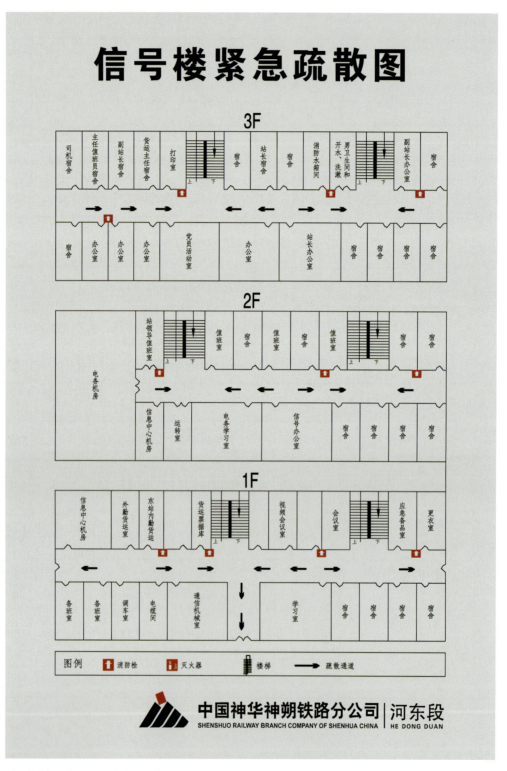

2.3 王家寨站消防布置图

注：每个楼层都设置类似的布置图，共有 7 块。

2.4 消防演练

2.4.1 消防演练流程图

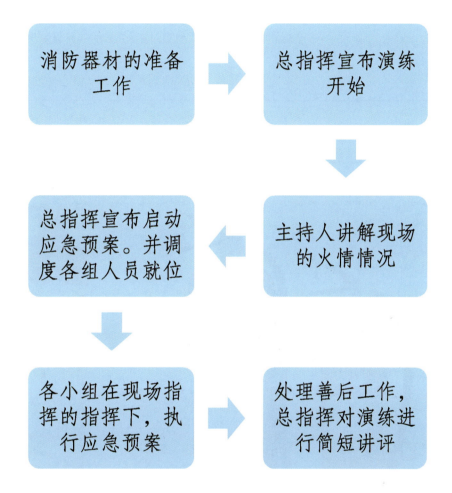

2.4.2 消防演练明示化流程

目的	让职工了解火灾发生时的应对措施
对象	模拟火灾现场。
人员要求	职工了解火灾发生时的基本逃生方法，了解简单、小型火灾的基本处置方式，会正确使用灭火器。
器　材准　备	 干粉灭火器　　二氧化碳灭火器

1. 总指挥宣布演练开始

2. 总指挥宣布演练开始

3. 总指挥宣布启动应急预案，并调度各组人员就位

4. 各小组在现场指挥的指挥下执行应急预案

5. 处理善后工作，总指挥对演练进行简短讲评

2.5 消防器材明示化管理

2.5.1 箱式灭火器明示化管理

目的	1. 明确消防箱的隔离区域,隔离区域内禁止摆放物品。 2. 保证紧急时能快速打开消防箱,无阻挡,减少损失。
对象	王家寨站区所有箱式灭火器。
标准	1. 消防箱左右与区域线内侧间距 20mm; 2. 前方区域为消防箱门完全打开的长度; 3. 线宽 50mm,斜线角度呈 45°,灭火器放置后离两侧划线保留 20mm; 4. 颜色:红色为大红(62 R03),用醇酸磁漆或荧光漆。 注:在室内瓷砖地面或漆膜难以涂刷处,可用胶带或即时贴替代(颜色不做改变)。
实例	 

2.5.2　消火栓明示化管理

目的	1. 明确消防栓的隔离区域，隔离区域内禁止摆放物品； 2. 保证紧急时候能快速打开消防栓，无阻挡，减少损失。
对象	王家寨站区所有箱式消火栓。
标准	1. 室内箱式消火栓投影正下方使用红色矩形框进行定位； 2. 前面使用红色斑马线画出长为 300mm（室外为消火栓门的旋转半径）、宽与消火箱相同的隔离区域； 3. 线宽 50mm，斜线间距 50mm，倾斜角 45°； 4. 颜色：红色（62 R03），用醇酸磁漆，荧光漆。 注：在室内瓷砖地面或漆膜难以涂刷处，可用胶带或即时贴替代（颜色不做改变）。
实例	

2.5.3　手推式消防器材明示明示化管理

目的	规范消防器材管理。
对象	全所人员。
标准	1. 对消防设施配备地做介绍，铁锹 2 把，洋镐 2 把，沙桶 2 只，沙箱 1 个，灭火器材箱 2 个； 2. 对管理人员、维护人员有明确标记； 3. 消防区域规格标准：45°角，长 3500mm，总宽 1660mm、防护区域宽 830mm。 4. 对维护时间、要求、标准明确标记。
实例	

第3章　安全提示、警示类明示化管理标准

3.1　安全提示、警示类铭牌台账（见下表）

序号	名称	图例	材质	数量	存放（配置）地点	规格（mm×mm）
1	请勿倚靠		铝型材丝网印刷	3	空调分机围栏	230×340
2	禁止堆放		铝型材丝网印刷	3	站场外围	230×340
3	"排风扇请勿靠近"		铝型材丝网印刷	3	空调分机围栏	230×340
4	"危险区域禁止停留"		铝型材丝网印刷	5	桥梁、隧道等危险地段	230×340

序号	名称	图例	材质	数量	存放（配置）地点	规格（mm×mm）
5	"禁止翻越栏杆"		铝型材丝网印刷	15	站场、工区外围栏杆处	230×340
6	"小心碰头"		铝型材丝网印刷	20	综合楼楼道、信号楼楼道、职工宿舍楼楼道、库房等低矮处	400×130
7	"注意通风"		铝型材丝网印刷	5	易产生有毒有害气体的密闭空间	230×340
8	"禁止踩踏"		铝型材丝网印刷	2	电缆井、电缆盖板、隧道渗水井	230×340
9	"请勿靠近小心跌落"		铝型材丝网印刷	2	电缆井、电缆盖板、隧道渗水井	230×340

续表

序号	名称	图例	材质	数量	存放（配置）地点	规格（mm×mm）
10	"当心泄露"		铝型材丝网印刷	12	酒精库、煤气间、油库、危化品存放地	230×340
11	"易燃易爆"		铝型材丝网印刷	12	酒精库、煤气间、油库、危化品存放地	230×340
12	"严禁烟火"		铝型材丝网印刷	12	酒精库、煤气间、油库、危化品存放地	230×340
13	"必须戴安全帽"		铝型材丝网印刷	3	隧道内、高空作业场所、高压作业场所	230×340
14	"止步 高压危险"		铝型材丝网印刷	2	变配电所及高压处	230×340

续表

序号	名称	图例	材质	数量	存放（配置）地点	规格（mm×mm）
15	"高压危险禁止攀登"		铝型材丝网印刷	20	变配电所及高压处	230×340
16	"机房重地闲人免进"		亚克力热压印	3	电气机房	350×250
17	"安全出口"		定制	45	综合楼楼道、信号楼楼道、职工宿舍楼楼道、库房	350×250
18	"当心烫手"		反光贴	10	厨房	等边三角形，边长 120mm
19	"当心夹手"		反光贴	10	厨房	等边三角形，边长 120mm
20	"当心烫伤"		反光贴	10	厨房	等边三角形，边长 120mm

3.2　安全提示、警示牌明示化管理标准

3.2.1　"请勿倚靠"安全提示、警示牌明示化管理

目的	禁止倚靠、堆放、靠近。
对象	空调外机等。
标准	1. 空调外机护栏中间处处粘贴"请勿倚靠"安全提示、警示牌，位于护栏正上方。 2. "请勿倚靠"安全警示牌为长 340mm、宽 230mm 的长方形铝合金拉丝板，红底白字，印有"请勿倚靠"字样。
实例	

3.2.2 "禁止堆放"安全提示、警示牌明示化管理

目的	禁止倚靠、堆放、靠近。
对象	空调外机等。
标准	1. 空调外机护栏处中间粘贴"禁止堆放"安全提示、警示牌，位于护栏正上方。 2. "禁止堆放"安全警示牌为长 340mm、宽 230mm 的长方形铝合金拉丝板，红底白字，印有"禁止堆放"字样。
实例	 

3.2.3 "排风扇请勿靠近"安全提示、警示牌明示化管理

目的	禁止倚靠、堆放、靠近。
对象	空调外机等。
标准	1. 空调外机护栏中间处粘贴"排风扇请勿靠近"安全提示、警示牌，位于护栏正上方。 2. "排风扇请勿靠近"安全警示牌为高 340mm、宽 230mm 的长方形铝合金拉丝板，红底白字 ，印有"排风扇请勿靠近"字样。
实例	

3.2.4 "危险区域 禁止停留"安全提示、警示牌明示化管理

目的	提示该处危险,不能停留。
对象	铁路大桥、隧道等。
标准	1. 铁路大桥护栏入口处,行人通道护栏上方粘贴"危险区域 禁止停留"安全警示牌。 2. "危险区域 禁止停留"安全警示牌为长 340mm、宽 230mm 的长方形铝合金拉丝板,红底白字 ,印有"危险区域禁止停留"字样。
实例	 

3.2.5　"禁止翻越栏杆"安全提示、警示牌明示化管理

目的	提示该处危险，禁止翻越、攀爬。
对象	铁路路外护栏处，变电所护栏等。
标准	1. 铁路路外护栏处，护栏上方粘贴"禁止翻越栏杆"安全警示牌； 2. "禁止翻越栏杆"安全警示牌为长 340mm、宽 230mm 的长方形铝合金拉丝板，红底白字，印有"禁止翻越栏杆"字样。
实例	

3.2.6 "小心碰头"安全提示、警示牌明示化管理标准

目的	提醒前方障碍物，小心碰头。
对象	楼梯转角处等。
标准	1. 行人通道的低矮处粘贴"小心碰头"安全警示牌，位于阻挡处的正上方。 2. "小心碰头"安全警示牌为长 400mm、宽 130mm 的长方形亚克力牌，黄底白字，印有"小心碰头"字样。
实例	 

3.2.7 "注意通风"安全提示、警示牌明示化管理

目的	提示易燃易爆、有毒有害等危险场所。
对象	危化品库房，油库，酒精库等。
标准	1. 危化品库房门外左上角设置"注意通风"警示标牌。 2. "注意通风"安全警示牌为高 340mm、宽 230mm 的长方形铝合金拉丝板，蓝底白字，印有"注意通风"字样。
实例	

3.2.8 "禁止踩踏"安全提示、警示牌明示化管理

目的	提示该处危险，禁止踩踏、脚踢，防止摔倒。
对象	围栏以内的设备防护区域。
标准	1. 设备箱体下部，中间部分。 2. "禁止踩踏"安全警示牌为高340mm、宽230mm的长方形铝合金拉丝板，红底白字，印有"禁止踩踏"字样。
实例	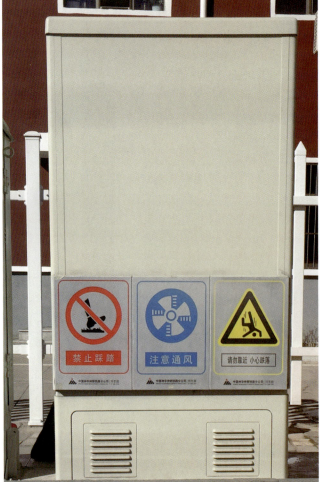 

3.2.9 "请勿靠近 小心跌落"安全提示、警示牌明示化管理

目的	提示该处危险，禁止踩踏、脚踢，防止摔倒。
对象	围栏以内的设备防护区域。
标准	1. 设备箱体下部，中间部分。 2. "请勿靠近 小心跌落"安全警示牌为高 340mm、宽 230mm 的长方形铝合金拉丝板，白底黑字，印有"请勿靠近 小心跌落"字样。
实例	

3.2.10 "当心泄露"安全提示、警示牌明示化管理

目的	提示易燃易爆、有毒有害等危险场所。
对象	危化品库房，油库，酒精库等。
标准	1. 危化品库房门外左上角设置"当心泄露"警示标牌。 2. "当心泄露"安全警示牌为高 340mm、宽 230mm 的长方形铝合金拉丝板，白底黑字，印有"当心泄露"字样。
实例	

3.2.11　"易燃易爆"安全提示、警示牌明示化管理

目的	提示易燃易爆、有毒有害等危险场所。
对象	危化品库房，油库，酒精库等。
标准	1. 危化品库房门外左上角设置"易燃易爆"警示标牌； 2. "易燃易爆"安全警示牌为高 340mm、宽 230mm 的长方形铝合金拉丝板，白底黑字，印有"易燃易爆"字样。
实例	

3.2.12 "严禁烟火"安全提示、警示牌明示化管理

目的	提示易燃易爆、有毒有害等危险场所。
对象	危化品库房，油库，酒精库等。
标准	1. 危化品库房门外左上角设置"严禁烟火"警示标牌。 2. "严禁烟火"安全警示牌为高 340mm、宽 230mm 的长方形铝合金拉丝板，红底白字，印有"严禁烟火"字样。
实例	 

3.2.13 "必须戴安全帽"安全提示、警示牌明示化管理

目的	提示该处危险，禁止翻越、攀爬，作业必须佩戴安全用品。
对象	供电设备入口处，高压设备入口处等。
标准	1. 高压设备入口处粘贴"必须戴安全帽"安全警示牌。 2. "必须带安全帽"安全警示牌为高340mm、宽230mm的长方形铝合金拉丝板，蓝底白字，印有"必须戴安全帽"字样。
实例	

3.2.14 "止步高压危险"安全提示、警示牌明示化管理

目的	提示该处危险,禁止翻越、攀爬,作业必须佩戴安全用品。
对象	供电设备入口处,高压设备入口处等。
标准	1. 高压设备入口处粘贴"止步 高压危险"安全警示牌。 2. "止步 高压危险"安全警示牌为高340mm、宽230mm的长方形铝合金拉丝板,白底黑字,印有"止步 高压危险"字样。
实例	

3.2.15 "高压危险 禁止攀登"安全提示、警示牌明示化管理

目的	提示该处高压危险，防止触电。
对象	供电设备入口处，高压设备入口处等。
标准	1. 高压设备入口处粘贴"高压危险 禁止攀登"安全警示牌。 2. "高压危险 禁止攀登"安全警示牌为高 340mm、宽 230mm 的长方形铝合金拉丝板，白底黑字，印有"高压危险 禁止攀登"字样。
实例	

3.2.16 "机房重地 闲人免进"安全提示、警示牌明示化管理标准

目的	提醒机房等地方非专业人员不得入内。
对象	机房门外设置。
标准	1. 机房门外左上角处粘贴"机房重地 闲人免进"安全警示牌，牌子上边与门框边平齐，距离门框 150mm； 2. "机房重地 闲人免进"安全警示牌为长 350mm、宽 250mm 的长方形铝合金拉丝板白底红字，印有"机房重地 闲人免进"字样。
实例	 

3.2.17 "安全出口"安全提示、警示牌明示化管理标准

目的	在通道以及应急通道处悬挂"安全出口"提示牌。
对象	楼梯，楼道，应急通道等。
标准	1. 行人通道的顶端悬挂"安全出口"安全警示牌，位于过道正上方；或者通道两侧墙面踢脚线之上。 2. "安全出口"安全警示牌为长350mm、宽150mm的长方形灯箱，蓝底白字，印有"安全出口"字样。
实例	

3.2.18 "当心烫手"安全提示、警示牌明示化管理标准

目的	提醒使用该设备时注意烫伤。
对象	厨房电器等。
标准	1. 设备操作面板右上方粘贴"当心烫手"安全提示牌。 2. "当心烫手"安全提示牌为高 340mm、宽 230mm 的铝合金拉丝板，等边三角形边长 120mm，黄底黑字，印有"当心烫手"字样。
实例	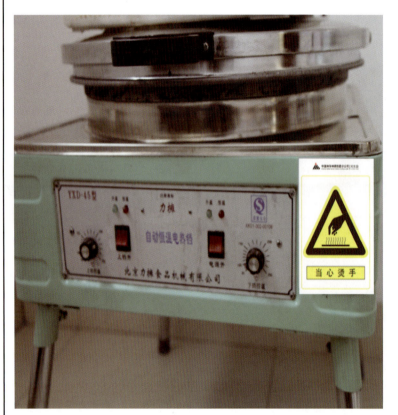 

3.2.19 "当心夹手"安全提示、警示牌明示化管理标准

目的	提醒使用该设备注意夹手、伤手等。
对象	厨房电器等。
标准	1. 设备操作面板右上方粘贴"当心夹手"安全提示牌。 2. "当心夹手"安全提示牌为等高 340mm、宽 20mm 的长方形铝合金拉丝板，等边三角形边长 120mm，黄底黑字，印有"当心夹手"字样。
实例	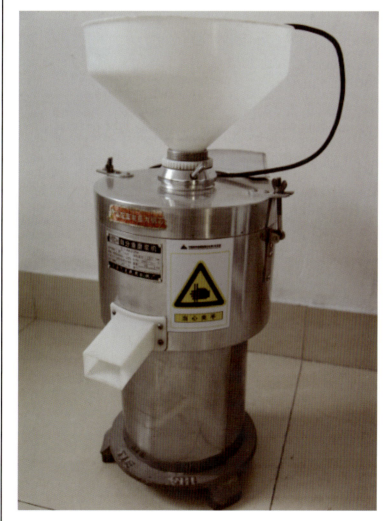 

3.2.20 "当心烫伤"安全提示、警示牌明示化管理标准

目的	提醒使用该设备时注意高温蒸汽烫伤等。
对象	厨房电器等。
标准	1. 设备操作面板右上方粘贴"当心烫伤"安全提示牌， 2. "当心夹手"安全提示牌为 230mm×340mm 的长方形铝合金拉丝板，黄底黑字，印有"当心烫伤"字样。
实例	

参考文献

[1] 人民代表大会常务委员会. 中华人民共和国消防法. 北京：中国法律出版社，2009.

[2] 人民代表大会常务委员会. 中华人民共和国安全生产法. 北京：中国法律出版社，2009.

[3] 中华人民共和国铁道部. 铁路技术管理规范. 北京：中国铁道出版社，2006.

[4] 中华人民共和国铁道部. 铁路企业班组管理基础知识. 北京：中国铁道出版社，2011.